달라이라마, 물음에 답하다

달라이 라마, 물음에 답하다

최평규 편저

모시는사람들

달라이라마 법왕

2012년 6월 달라이라마 14세(Tenzin Gyatso, 텐진 가쵸)법왕은 티베트 망명정부 수반으로서의 정치적인 삶에서 물러나겠다고 밝혔다. 법왕의 이러한 선언은 이미 1960년대부터 예고되어 온 것으로, 이 시점에서 달라이라마가 결단을 내린 것은 티베트 민중들의 정치적인 역량에 대한 신뢰를 기반으로 한 것이라고 할 수 있다. 이러한 소식을 접하며 필자는 10여 년 전에 출간한 『달라이라마의 사상』의 개정판 출간을 염원하게 되었다.

필자와 달라이라마 법왕과의 인연은 20여 년 전으로 거슬러 올라간다. 1990년 8월, 정부 부처 산하단체 중앙회장으로 재직 중, 'KBS 남한강수련원'에서 전국 임원연수회를 2박 3일간 주관한 후 귀가 중 수면 부족으로 교통사고를 당하여 3일 만에 의식을 회복했다. 이후, 생의 한가운데서 잠시 방황하던 중, 1989년 노벨평화상을 수상한 티베트 왕국 달라이라마(Dalai Lama) 법왕에 관한 기사들을 보았다.

1992년 10월 10일, 인도 다람살라(Dharamshala)에 있는 티베트 망명정부를 방문하여 달라이라마 법왕을 단독 친견했다. 이날 필자는 법왕으로부터 '텐진 남드롤(Tenzin Namdrol)'이라는 법호를 받고 귀국 후, 1993년 서울 종로 소재 조계사 문화원 강당에서 달라이라마 주일본

대표부 대표 카르마 겔렉 유톡 (Ven. Karma Gelek Yughok) 스님을 법사로 모시고 「한국티베트불교친선교류협회」 창립 법회를 주관했다. 또한 일본 동경 신주쿠 소재 「달라이라마 주일본대표부」에서 유톡 대표로부터 TSG티베트지원그룹(Tibet Support Group / 미국, 영화배우 Richard Gere도 달라이라마 법왕의 제자이며, TSG멤버) 한국대표 인증서를 받았다.

이후 여러 차례 유톡 대표를 한국에 초청했다. 특히 티베트 망명정부 외무성장관·내무성장관·동북아시아대표부 대표 등을 초청하여 국회의사당을 방문해서 정각회 소속 국회의원들과 오찬간담회를 가졌으며, 조계종총무원 방문, 불교방송 인터뷰와 동국대학교, 위덕대학교, 사찰 등에서 강연 및 법문, 불교계 주요 인사 교류 등을 주선했다. 필자 역시 일본 동경에서 개최되는 주일본 대표부 행사에 여러 차례 초청 받아, 티베트불교에 관심을 가진 일본 정치·경제·종교·문화계 인사 등과도 교류의 폭을 넓혔다. 그리고 1994년, 유톡 대표의 안내로 한국티베트불교친선교류협회장 석금담 스님과 함께 인도 다람살라 티베트 망명정부를 다시 방문하여, 달라이라마 법왕을 2차 친견(일본 동경, 오꾸라호텔 법회에서는 여러 차례 TSG 한국대표 자격으로 알현함)하고 난민촌과 고아원 방문, 티베트 망명정부 장관들과 고승대덕들을 소개 받는 등 친선교류 활동을 열정적으로 했다.

그 이후 그간의 활동에서 받은 감응을 기반으로 재가법사로 명상 공부에 심취해 오고 있다.

지난 7월초, 도서출판 모시는사람들 박길수 대표로부터 달라이라마의 사상을 보다 쉽게 독자들에게 전달했으면 좋겠다는 권유를 받았다. 이 또한 인연이라 여겨, 달라이라마 법왕 일본대표부가 뉴욕의 출판사인 Snow Lion Pubulications의 허가를 얻어서, *The Dalai Lama: A Policy of Kindness*의 일본어판 『달라이라마가 말하는 동정의 힘』을 출판한 내용을 「달라이라마 법왕 일본대표부」로부터 다시 한국어 번역 및 판권을 얻어서 2001년 7월에 발간했던 한국어판 『알기 쉬운 달라이라마의 사상』을 일부 수정하고, 필자의 글 몇 편을 더 보완해서, 『달라이라마, 물음에 답하다』로 출판하게 되었다.

　　이 책의 출판을 가능하게 해 준 '달라이라마 법왕 주일본대표부' 쵸코 락파(Tsoko Lhakpa) 대표, 카르마 겔렉 유톡(Karma Gelek Yuthok) 전 대표(현 달라이라마 법왕 비서실장), 불국사 관장 종상 큰스님과 모시는사람들 박길수 대표에게 이 자리를 빌려 감사드린다.

　　동정과 자비의 힘을 믿는 생활방식과 윤회, 열반 그리고 성불, 특히 "티베트 불교와 달라이라마 법왕의 철학"을 이해하는 것은 인생의 행로를 걸어가는 데에 큰 도움이 되리라 확신한다. 이 책이 독자 여러분이 삶의 가치를 깨우치는 계기가 되기를 기원한다.

2012년 초겨울, 覺心院 白雲山房에서
최평규(Tenzin Namdrol) 합장

차 례

달라이라마, 물음에 답하다

01_ 티베트의 지도자 달라이라마 법왕

최평규

'달라이(Dalai)' 란 몽골 말로 '지혜의 바다' 라는 뜻이다. 몽골 사람 중에는 경건한 티베트 불교 신자가 많다. 16세기, 티베트 고승이 몽골의 수장(晉長)에게 초청되어 설법하러 갔을 때, '달라이라마(Dalai Lama)' 라는 존칭을 받았다. 라마란 정신적 스승을 일컫는다. 그 후로 그의 환생이 대대로 달라이라마가 된다. 왜 그러한 관습이 생겼을까? 달라이라마는 자비의 상징인 관세음보살이 세상에 나타난 화신(化身)이라고 한다. 관세음보살은 깨달음의 경지를 얻었지만 사람들을 구하기 위해 몇 번이고 환생을 거듭했다고 티베트 불교에서는 믿고 있다.

01_ 티베트의 지도자 달라이라마 법왕

달라이라마 14세 법왕 텐진 가쵸 예하는 티베트의 국가원수(國家元首)
이며 티베트 국민의 정신적 지도자이다.

법왕은 1935년 7월 6일, 티베트 동북부 변방인 암도 지방(青海省)의
딱체르라고 하는 작은 마을에서, 가난한 농민의 아들로 태어났다.
이 아이가 이미 작고한 달라이라마 13세 법왕의 전생영동(轉生靈童: 환
생)이라고 인정된 것은 2세 때이다.

'달라이(Dalai)' 란 몽골 말로 '지혜의 바다' 라는 뜻이다. 몽골 사람
중에는 경건한 티베트 불교 신자가 많다. 16세기, 티베트 고승이 몽
골의 수장(首長)에게 초청되어 설법하러 갔을 때, '달라이라마(Dalai
Lama)' 라는 존칭을 받았다. 라마란 정신적 스승을 일컫는다. 그 후로
그의 환생이 대대로 달라이라마가 된다. 왜 그러한 관습이 생겼을
까? 달라이라마는 자비의 상징인 관세음보살이 세상에 나타난 화
신(化身)이라고 한다. 관세음보살은 깨달음의 경지를 얻었지만 사람
들을 구하기 위해 몇 번이고 환생을 거듭했다고 티베트 불교에서는

믿고 있다.

1939년, 4살이 되자 환생한 동자는 티베트 수도 라사로 모셔졌다. 다음 해 1940년에는 달라이라마 14세 법왕으로서 정식으로 즉위하여 장엄한 포탈라 궁(布達拉宮: 달라이라마가 거주하는 城, 티베트의 종교·정치의 중심 장소)의 옥좌에 앉았다. 이것은 티베트의 정치와 종교의 최고 지도자가 된 것을 상징적으로 의미한 것이다. 그리고 실제로도 약관 16세에 직접 정치 활동을 개시했다.

한편 종교 면에서는 6세 때부터 승려로서 수행을 시작해 논리학(論理學), 반야학(般若學), 중관학(中觀學), 아비달마(阿毘達磨), 율학(律學), 천문학, 음악과 연극, 범어, 불교철학, 티벳 예술과 문화 등의 학문을 이수했다. 그리고 24세에 불교철학 최고위의 박사학위를 취득했다. 이것은 티베트 달력의 정월에 실시된 기원대제(祈願大祭) 때, 티베트 수도 라사의 조캉사원(寺)에서 행해진 문답시험을 거쳐 주어진다. 법왕은 또 당시 최고 수준의 스승에게서 밀교를 전수 받아, 명상 수행에도 정진했다. 티베트 밀교는 불교에 설해진 내용을 실천하기 위한 방법일 뿐, 결코 신비하거나 불가사의한 것을 구하는 것이 아니다. 가장 중요한 것은 진실을 꿰뚫는 지혜, 그리고 살아 있는 모든 생명에 대한 자비의 마음이다.

1959년, 중국의 무력 침공이 격화되어, 그해 3월 31일 법왕은 할 수 없이 국외 망명을 하였다. 오로지 티베트 국민의 안녕을 기원하는 마음으로 사랑하는 조국을 뒤로 한 채, 히말라야 산맥 너머에 있는 인도로 향했던 것이다. 그 후 53년 간, 법왕은 북인도의 다람살라(Dharamsala, 인도 뉴델리 북쪽 400km, 이전에는 영국인의 피서지였던 지역)에 임시 거처를 정하고 망명 티베트인 사회를 지도하며, 티베트의 종교와 문화를 보존·발전시키기 위해 진력해 왔다.

1987년, 티베트 문제의 평화로운 해결을 위해 법왕은 다섯 가지 제안을 했다. 그 가운데는 티베트 전국을 아시아 내륙부에서의 평화의 성역으로 정하는 「비폭력 지대」 구상이 포함되어 있다. 이 성역에서는 살아 있는 생명 모두가 조화 속에서 공존할 수 있도록 환경 보존을 위해 노력해 간다는 것이었다.

1989년, 법왕은 노벨평화상을 수상하였다. 이것은 티베트의 자유를 회복하기 위한 운동을 결코 폭력에 호소하지 않고 평화적 수단을 통해 관철해 온 점이 국제적으로 높이 평가된 결과였다. 어떤 때라도 법왕은 일관되게 비폭력을 제창해 왔다. 또 다른 법왕의 노벨평화상 수상 이유는 지구 환경문제에 깊은 관심을 기울인 점도 거론되었는데, 이것은 노벨평화상 역사에서 처음 있는 일이다.

법왕은 자신에 대해 말할 때 자주 '일개 불교 승려'라고 표현한다. 이것은 옛날 티베트의 위대한 종교가의 훈계(訓戒)를 엄격히 지킨 말이다. 일반적으로 티베트에서는 '해탈했다' 라든지, '깨달았다' 고 자처하는 사람은 없다.

그러나 법왕이 종교가로서, 나아가 인간으로서 얼마나 위대한 존재인가는 티베트 사람뿐만 아니라 이 세상에서 의식이 있는 사람들은 누구나 잘 알고 있다.

법왕의 강연을 들은 사람들이나 법왕이 수많은 국가를 방문하면서 만나는 사람들은 누구라도 법왕의 순수함과 성실함, 그 따뜻한 마음에 반드시 깊은 감명을 받는다. 법왕의 메시지는 자애와 동정, 그리고 관용, 이러한 것들을 중심으로 말할 뿐이다.

모든 티베트 사람은 달라이라마 법왕과 매우 강한 끈으로 연결되어 있다. 그것을 말로 표현하는 것은 쉽지 않다. 티베트 사람에게 있어서 달라이라마는 조국의 모든 것의 상징이다. 아름다운 국토, 깨끗한 하천과 호수, 신성한 하늘, 웅장한 산맥들, 그리고 강건한 사람들…. 이들 요소가 달라이라마와 뗄 수 없이 연결되어 있어, 경건한 불교 신앙과 더불어 티베트 사람들은 달라이라마 법왕에 대해 언제나 절대적인 존경과 신뢰를 품고 있다.

티베트는 비극의 불교국

티베트는 인도와 중국 사이에 위치하며, 원래는 독립국가이다. 히말라야 북쪽에 펼쳐진 국토는 면적이 약 127만 평방킬로미터에 이른다. 이것은 한국(남북한)의 거의 여섯 배에 상당하는 넓이이다. 평균 고도 4천 미터 이상으로 '세계의 지붕'이라고 할 수 있는 광대한 국토에 약 6백만 명의 티베트인이 살고 있다.

티베트는 매우 오랜 역사가 전승되고 있지만, 7세기에 손첸 감포(松贊干布 : 581~649 C.E.)라고 하는 위대한 왕이 나타나면서부터, 당시 아시아의 몇 개의 대국 중 하나로 널리 알려졌다고 한다. 그리고 인도 불교가 티베트에 전래되자, 이것을 정신적 지주로 삼아 티베트인들은 독자적으로 민족문화를 꽃피웠던 것이다.

17세기에 이르러, 달라이라마 법왕을 티베트 전역을 관장하는 정치·종교의 최고지도자로 삼는 체제가 확립되어, 티베트는 평화스런 종교국가로서 새로운 길을 걷기 시작했다. 그때 티베트 불교는 몽골, 만주, 그리고 북경까지 퍼져 나가 아시아 대륙의 넓은 지역과의 문화 교류가 활발해지게 되었다.

그러나 이러한 아시아 문화의 하나의 정점으로서 번영을 계속하던 티베트 역사는 20세기 들어서 갑자기 어두워지기 시작했다. 티베트 정부는 불교의 비폭력 사상에 근거하여 필요한 최소한의 군사력만 갖추고 있었으며, 제2차 세계대전에서도 중립을 지켰다. 그러나 전쟁이 끝난 후, 티베트에 인접한 중국에서 내전이 발생하였고 그것이 티베트에 전대미문의 비참한 역사의 개막을 알리는 서막이 되었다.

　1949년, 내전에서 승리한 공산당의 인민해방군이 인접한 티베트를 침공하였다. 중국과의 국경지대에 접한 티베트 동부는 순식간에 인민해방군에 의해서 점령되었으며, 많은 티베트인이 목숨을 잃었다. 달라이라마 14세 법왕은 평화교섭에 목숨을 걸고 노력을 거듭했지만, 압도적인 무력을 과시하는 중국 측의 강경 자세 앞에서 모든 것이 헛수고가 되고 말았다.

　그리고 1959년 3월 10일, 달라이라마 법왕의 신변을 걱정한 티베트 수도 라사 시민이 일제히 봉기하여 중국군의 철수와 티베트의 주권 독립을 외쳤다. 여기에 대해서 중국 측은 철저한 탄압을 가해, 마침내 법왕은 어쩔 수 없이 국외 망명을 해야만 했다. 법왕의 뒤를 이어 약 10만 명의 티베트인들이 조국을 떠나 인도와 네팔 등으로 망명했다. 그것은 티베트인으로서의 민족 정체성을 지키고 자유의 땅에서 본래의 티베트 문화를 보존하여 다른 날을 기약하고자 하는 비원(悲願)을 담은 도피행이었다.

　법왕은 인도 북부 히마찰 프라데시(Himachal Pradesh) 주(州) 다람살라(Dharamshala)에 본거지를 구축하고 그곳에 티베트 망명정권을 수립했다. 그 후 티베트 본토는 중국에 의해서 완전히 점령당해, 티베트인들은 말할 수 없는 어려운 고민을 맛보았다. 그러한 상황은 기본적으로 오늘날에도 변함이 없다. 인민해방군의 티베트 침공 이래, 약 120

만 명의 티베트인이 목숨을 잃었는데, 그것은 티베트 전체 인구의 5분의 1에 해당한다. 그리고 6천 곳 이상의 불교사원이 파괴되는 등 중국은 티베트의 민족문화를 근본적으로 말살하려고 하고 있다.

중국 정부는 이러한 티베트인과 민족문화에 대한 철저한 탄압을 모두 '문화대혁명'과 '사인조'(四人組)의 책임으로 돌리고, 현재에는 민주주의를 기본으로 티베트인의 인권도 보장되고 민족문화가 존중되고 있는 것처럼 주장한다. 그러나 그것은 외국을 향해 선전하는 것에 지나지 않고 현재 티베트 본토에서 벌어지고 있는 실상과는 너무 동떨어진 이야기이다.

최근 중국 당국의 티베트 정책은 보다 교묘해지고 있다. 대량의 중국인을 티베트에 유입시켜 수적인 우세로 티베트인을 능멸하고 중국인에게 동화되지 않으면 생활해 나갈 수 없는 상황을 만들고 있는 것이다.

현재 티베트 전역에 유입된 중국인 수는 약 750만 명에 달하며, 티베트 전체 인구인 약 6백만 명을 넘어섰다. 그 결과 티베트인은 자기 조국에 있으면서도 소수민족으로서 소외되고 있는 것이다. 이러한 일이 티베트인의 자기 정체성과 민족문화에 큰 위협이 되는 것은 말할 것도 없다. 중국 측은 티베트인의 민족적 독자성을 말살하는 것으로 티베트 문제를 최종적으로 해결하려고 하는 것이다.

그리고 또한 티베트 본토에서의 인권 침해는 현재도 진행 중이다.

용기 있는 티베트인들은 조국의 독립을 부단한 시위로써 갈구하고 있다. 어디까지나 비폭력적인 항의 행동이지만, 그것에 대한 중국 당국의 탄압은 예외가 없다. 시위에 참가할 때는 '무사히 돌아가지 못한다' 라는 각오가 필요하다. '티베트 독립' 을 입에 올리면 바로 체포되며, 체포되면 잔혹하고 집요한 고문이 기다리고 있다. 옥중에서 성적인 학대나 폭행을 당한 비구니들도 많고, 그러한 예는 최근에도 보고되고 있다. 중국 당국의 가혹한 추격을 피해 인도나 네팔로 망명하는 티베트인의 숫자는, 지금도 연간 수천 명 규모에 달한다. 티베트 난민 문제는 결코 과거의 일이 아니다.

더욱이 중국은 티베트 각지에서 환경 파괴를 자행하고 있다. 울창한 숲에서 베어 낸 목재의 대부분은 중국으로 운반된다. 광물 자원의 무차별 발굴이나 야생동물의 포획도 말할 수 없이 많다. 나아가 중국은 티베트의 광대한 고원지대를 핵무기 개발과 미사일 배치 기지로 활용하는 한편, 핵폐기물의 투기장으로도 이용하고 있다. 황하, 양자강, 메콩강, 사루윙강, 프라마프트라강, 사트레지강, 인더스강 등 아시아 각지에 닿은 대부분의 대하(大河)가 티베트 고원에 근원을 두고 있다. 티베트의 환경 파괴─특히 핵 관련 사고 등이 발생했을 경우─는 이들 하천에 의존하며 생활하는 아시아 각국의 많은 사람들에게 파멸적인 피해를 가져올 수 있다.

티베트의 지리적 중요성, 나아가 티베트인을 무력으로라도 지배

할 필요성에서 중국은 핵무기를 포함해 실제로 강대한 군사력을 티베트에 배치하고 있다. 중국 점령 이전의 티베트는 매우 적은 군사력밖에 가지지 않은 평화적인 불교국가였다. 게다가 중국·러시아·인도라고 하는 3대국 사이에 위치해, 완충지대로서의 역할을 담당하고 있었다. 그러한 티베트에 중국의 강력한 군대가 주둔하면서, 아시아 중심부의 군사적 긴장은 극도로 높아지고 있다. 그러한 상태는 동서냉전(東西冷戰)이 종결된 현재에도 계속되고 있다.

달라이라마 법왕은 이러한 우려할 만한 사태를 하루라도 빨리 종식시키기 위해, 적극적이고 유연한 제안을 계속해 왔다. 티베트에 진정한 자유를 가져오기 위한 운동을 추진해 나감에 있어서도 어디까지나 비폭력을 철저히 지킨다고 하는 강한 신념을 법왕은 견지하였다. 중국 측이 티베트인에게 가한 갖가지 공격과 탄압에 대해서도, "그러한 사실을 밝히는 것은 절대로 필요하지만 중국인 그 자체를 증오하는 것은 결코 아니다." 라는 것이 법왕의 기본적인 생각이다. 그리고 티베트 문제를 해결하는 것은, 평화 속에 포괄적인 교섭을 통해서만 가능하다는 입장을 법왕은 항상 밝히고 있다. 이러한 법왕의 자세는 국제사회로부터 매우 의미 있는 것으로 평가되어 1989년의 노벨평화상 수상으로 이어졌다. 중국 측에 대해서 교섭의 개시를 주장하는 법왕의 입장은, 오늘날 미국이나 유럽연합을 비롯한 세계 각국에서 넓은 지지를 얻고 있다.

그렇지만 중국 측은 티베트 문제의 내용을 법왕 개인의 티베트 본토 귀환으로 한정하고, 티베트가 중국의 불가분의 영토라는 것을 인정할 것을 강하게 요구하고 있다. 교섭의 개시 이전에 이러한 제안 조건을 일방적으로 설정한 것은 사실상 교섭 거부를 의미하는 것으로서, 티베트 문제를 현상 동결하거나 또는 문제 해결을 늦추려는 것으로 생각할 수밖에 없다. 그러한 시간 벌기를 하는 동안에 중국인의 티베트에의 대량 유입과 티베트인의 정체성 이완, 티베트인에 대한 인권 침해, 민족문화 그리고 자연환경의 침해는 광범위하게 끊임없이 자행되고 있다. 티베트와 티베트인의 미래를 위해 교섭을 한시라도 빨리 개시해야 한다는 것이 달라이라마 법왕과 티베트 망명정권의 입장이며, 티베트를 지지하는 광범위한 국제 여론의 공통 인식이다.

02_ 티베트의 살아 있는 부처

피코 아이아

달라이라마는 부처의 환생이며, 망명정부의 최고위이며, 불교철학의 박사이기도 하다. 그러나 그의 가장 뛰어난 점을 하나 든다고 하면, 그것은 그의 강한 의지와 그리고 꾸미지 않는 인품일 것이다. 그는 승복 밑에 입고 있는 튼튼한 갈색 옥스퍼드 산 셔츠처럼 상당히 현실적이며, 한편으로는 숨바꼭질로 대적할 수 없는 강함을 자랑하는 승려들을 놀라게 한 소년 시절의 장난기를 지금도 오히려 그 눈 속에 가지고 있다. 그는 정원에서 꽃을 가꾸고 들새를 보살피며 시계나 라디오 수리를 즐기지만, 거의 대부분은 명상을 하고 있다.

02_ 티베트의 살아 있는 부처

멀리서 개 짖는 소리가 들려오는 히말라야의 밤. 언덕 비탈길 저쪽에서 불빛이 깜박이고 있다. 소나무 가로수가 계속되고, 하늘 가득히 별이 빛나는 아래 아주 깜깜한 좁은 길을, 허름한 옷차림의 몇 사람의 순례자가 성스러운 노래를 부르면서 천천히 걷고 있다.

날이 밝기 바로 전, 뒷편에 있는, 눈을 이고 있는 하얀 산들이 짙은 핑크빛으로 빛날 때, 북인도에 있는 3층 건물의 나무갸르사 절 밖에 모여 있는 사람들은 조용해졌다. 한 사람의 늠름한 사람이 약간 몸을 구부리며 걸어나왔다. 총명한 눈으로 군중을 주의 깊게 살펴보는 인상 좋은 얼굴에는 미소가 넘치고 있다. 그의 뒤에는 머리를 깎은 승려들이 시위(侍衛)하듯 늘어서 있다. 모두 진홍색 가사를 입고 노란 모자를 쓰고 있다. 풍신이 늠름한 그 사람은 절의 지붕으로 기어올랐다. 태양이 떠오르기 시작할 때 성직자들이 그의 앞에 앉고, 긴 뿔피리의 엄숙한 신호음이 아래 계곡에 길게 울려 퍼지자 그 사람– 달라이라마는 용의 해 신년을 축하하는 의식을 시작했다.

로사르, 즉 티베트의 신년 이틀 째, 약 1,400만의 사람들에게 살아 있는 부처로 추앙되는 달라이라마가 모습을 드러냈다. 바람이 잘 통하는 그의 방갈로 밖에는 기원자의 행렬이 굽이진 산길을 따라 1킬로미터 가까이 늘어서 있다. 나들이 비단옷을 입은 소녀 등 이 마을의 6,000여 명 주민 모두와 가우쵸 모자(gaucho hat: 남미 초원지방의 카우보이가 쓰는 차양이 긴 모자)를 쓴 산 사나이, 머리가 긴 서양인 등 외지에서 온 수천 명의 사람들이다.

먼저 티베트에서 방금 망명한 30명이 가운데로 들어와서, 미리 망명해 있던 지도자를 거의 30년 만에 만나 보자, 좁은 방은 심하게 훌쩍거리며 우는 소리로 가득 찬다. 그 사이 텐진 가쵸, 즉 티베트의 절대적인 정신적·정치적 지배자이고 티베트 자비의 신의 화신이며, 달라이라마 1세부터 시작해서 597년간에 걸쳐서 환생을 거듭한 달라이라마 14세는 그냥 조용히 이 모습을 지켜보고 있다. 원래 티베트에서 로사르는 13층 건물인 포탈라궁의 지붕 위에서 행해지고 사람들을 위해서 과자를 준비해 놓는다고 그는 나중에 가르쳐 주었다.

"매년 나는 모두가 과자에 몰려드는 것을 보고 정말로 걱정했습니다. 저 낡은 건물이 무너지고 마는 것은 아닌가? 누군가 떨어져서 죽는 것은 아닌가 하고요. 지금은 매우 차분한 것입니다."
라고 말하며 그는 낭랑한 바리톤으로 웃었다.

중국의 점령에 반대한 티베트인이 봉기하여 달라이라마가 인도

로 급히 망명을 했던 것이 29년 전(이 글이 쓰여진 1988년을 기준으로: 역자주)
의 지난 주의 일이다. 그렇지만, 먼 옛날부터 계속된 동화 같은 신권
정치는 뉴델리 북쪽 400킬로미터, 이전에는 영국인의 피서지였던
땅 다람살라에 지금도 당당히 살아 있다. 신탁하는 사람, 기우제를
행하는 라마승, 여러 가지 주술로 병을 고치는 의사, 점성술사 등 네
명의 각료를 거느리고 52세(1988년 당시; 역자주)의 달라이라마는, 네 살
때 처음으로 라사에서 사자좌에 앉은 이래 그가 행해 온 모든 것을
지금도 계속하고 있다.

그는 지금은 오히려 서양인에게 샹그리라를 연상케 하는 다른 세
계의 신비적 이국풍을 가지고 있지만, 동시에 현실 세계의 지도자이
기도 하다. 그는 15세 때부터 중국·미국·인도의 이권 싸움에 대항
하여 티베트인의 이익을 지키기 위해 대처하지 않으면 안 되었다.

티베트 정세는 항상 분노를 불러일으킬 만한 상황이었지만, 작년
가을 라사에서 티베트인이 폭동을 일으켰다가 중국 당국에 의해서
32명이 죽었을 때, 정점에 다다랐다. 달라이라마는 다람살라에서 처
음으로 대규모 기자회견을 열었고, 미국 상원은 만장일치로 중국의
행동을 비난하는 결의를 채택했다. 폭동은 수 주간에 걸쳐 계속되었
다. 그러나 이러한 상황이 되기 전부터, 이 가사를 입은 온화한 사람
은 자신이 10만 명의 망명 티베트인과 중국의 지배하에 있는 600만
명의 티베트인을 잇는 정신적 지주일 뿐만 아니라 과거에는 없었을

정도의 정치적 재결집의 상징이 되어 있는 것을 알고 있었다.

"달라이라마 14세는 역대 달라이라마 가운데서 가장 인기가 있을
지도 모릅니다."
라고 그는 유쾌한 듯이 말했다.

"만약 중국인이 티베트인을 진정한 형제와 같이 대해 주었다면
달라이라마는 이렇게 인기 있는 사람이 되지 않았겠지요. 모든 것은
중국인 덕분입니다."
라고 말하며 그는 장난스럽게 눈을 깜박였다.

자료에 의하면 달라이라마는 부처의 환생이며, 망명정부의 최고
위이며, 불교철학의 박사이기도 하다. 그러나 그의 가장 뛰어난 점
을 하나 든다고 하면, 그것은 그의 강한 의지와 그리고 꾸미지 않는
인품일 것이다.

그는 승복 밑에 입고 있는 튼튼한 갈색 옥스퍼드 산의 셔츠처럼 상
당히 현실적이며, 한편으로는 숨바꼭질로 대적할 수 없는 강함을 자
랑하는 승려들을 놀라게 한 소년 시절의 장난기를 지금도 오히려 그
눈 속에 가지고 있다. 그는 정원에서 꽃을 가꾸고 들새를 보살피며
시계나 라디오 수리를 즐기지만, 거의 대부분은 명상을 하고 있다.

120만 명의 티베트인을 죽이고, 6,254개소의 티베트 불교 비구·
비구니 승원을 파괴한 사람들에 대해서조차 그는 놀랄 만큼 강한 참
을성을 보여주고 있다.

"대승불교의 가르침을 실천하는 사람으로서 우리들은 무한한 이타주의를 기르기 위해 매일 기도하고 있습니다. 때문에 중국인에 대해서 적의를 기르는 것은 의미가 없습니다. 오히려, 그들에 대해서 경의와 사랑과 자비의 마음을 길러야 합니다."

라고 그는 말했다.

달라이라마 14세는 1935년, 딱체르라는 작은 농촌의 한 농가 외양간에서 태어났다. 2세 때, 다음 달라이라마를 찾고 있던 한 무리의 승려들은 선대 달라이라마 유골의 움직임과 호반의 신기루, 길조를 나타내는 구름에 이끌려서 그의 작은 집까지 와서, 그를 보고는 티베트를 지키는 신이 환생했다고 인정했다. 2년 후, 매우 조심스러운 일련의 시험에 합격한 후, 이 소년은 몇백 명의 사람들과 함께 수도 라사에 있는 '신들의 집'에 이끌려 왔다. 그는 곧 형과 함께 동굴과 같은 방이 몇천 개나 있는 포탈라궁에 살면서 18년간의 불교 철학 학습 과정에 들어갔다. 7세 때 그는 프랭클린 루스벨트 대통령의 외교사절을 맞았으며, 2,000명의 승려들의 주목을 받으면서 독경을 선도했다. 그렇지만 그는 이 신성한 땅에서 장난감 차를 붕붕거리며 타고 돌고 형제들에게 싸움을 거는 보통 소년 그대로였다. 달라이라마의 첫 번째 동생인 텐진 쵸에걀은 다음과 같이 회고한다.

"어느 여름날이 생각납니다. 내가 7세 때였다고 생각합니다만, 어머니가 달라이라마를 만나기 위해 가는 길에 나를 여름의 궁전인 노블링카궁에 데리고 가 주었을 때였습니다. 우리들이 도착했을 때 달라이라마는 나무에 물을 주고 있었지요. 다음 순간 달라이라마는 우리들에게 호스로 물을 뿌렸습니다."

이 조숙한 소년이 처음으로 과학에 놀랄 만한 재능을 보인 것도 이때였다. 연소 엔진의 원리를 독학으로 배워 궁전의 발전기 상태가 나빠질 때마다 수리를 했다. 그러나 주위 세계에 대한 그의 만족할 줄 모르는 호기심을 채워 주기 위해 허락된 것은 금색 상자에 올라타 이동할 때마다 실크 후린지(fringe, 가리개) 너머로 바깥세상을 잠깐 보는 것뿐이었다. 이 젊은 군주는 영사기를 준비하여 영화 〈타잔〉이나 〈헨리 5세〉를 탐욕스럽게 보았지만, 유달리 좋아했던 것은 그가 살고 있던 수도 라사의 가정용 영화였다. 때때로 그는 망원경을 가지고 궁전의 지붕에 올라, 라사의 소년 소녀들의 순박한 생활을 부럽게 생각하면서 바라보곤 했다고 한다.

1950년에 사방에서 중국인이 쳐들어와서 달라이라마의 왕국은 독립국의 지위를 상실하게 되었다. 돌연, 아직 10대였던 그는 정치가의 속성 코스로 나아가게 되었다. 그는 북경에 가서 주은래, 모택동과 협상했다. 이어서 1959년 3월에, 3만 명의 티베트인이 중국의 지배에 대항해서 단호히 떨쳐 일어난 유혈 충돌이 임박했을 때, 달라이라마는 하급 군인의 제복으로 갈아 입고 여름의 궁전에서 살짝 빠져나와 세계에서 가장 높은 산들을 넘어 망명길에 올랐다. 2주 후 그는 이질로 괴로워하면서 '조오'(암소와 야크의 교배종)라고 하는 야크 무리의 등에 타고 인도로 망명했다.

이때부터 그의 행동은 매우 섬세한 균형을 유지하고 있다. 즉, 그가 침묵을 지킬 것을 바라는 나라의 손님으로서의 입장과, 세계의 대세가 비위를 맞추려고 하는 나라의 적으로서의 입장 사이에서의 균형이다. 다행히도 달라이라마는 인도와 네팔에 53개소의 티베트인 거주지를 만들어, 티베트의 예술·서적·의학의 전통을 지키기 위한 시설을 설치할 수 있었다. 근래 수 년간 그는 마치 불교계의 요한 바오르 2세라고 말할 수 있을 정도로 왕성하게 세계 각국을 순회하고 있다. 하버드 대학에서 강의를 하고 로마 교황을 만나며, 신자들—그들이 가령 배운 것이 없는 농부이건 미국의 배우 리처드 기어(그는 1982년에 불교도가 되었다.)이건—그들의 모임에 나타난다.

그는 항상 일체의 사물의 좋은 면을 보려고 하기 때문에, 망명도 한편으로는 고마운 것이라고 생각한다.

"우리가 티베트에 있었을 때는 의식(儀式)에 많은 시간을 보내야 했지만, 그 내용을 말하자면 기대할 만한 것은 아니었습니다. 이 같은 의식은 이미 모두 없어졌습니다. 이것은 좋은 일이라고 나는 생각합니다. 또, 우리는 난민이기 때문에 이전보다 훨씬 현실적이 되었습니다. 지금은 겉모양을 꾸며도 소용이 없습니다."

많은 젊은 티베트인은 자신들의 지도자가 힘에 의한 해결이라는 방법으로 나아가기를 바라는 것 같다. 중앙 티베트만 하더라도 3천 명 이상이 정치범으로 갇혀 있고, 중국 정부는 적어도 3만 명의 군대를 이 "세계의 지붕"에 배치하고 있다. 이것에 화가 난 티베트인들은 힘을 가지고 중국에 대항하고 싶다고 한다. 그러나 달라이라마는 폭력을 사용하는 것을 반대하고 있다.

그는 사려 깊은 태도로 이렇게 말한다.

"일단 마음이 분노에 지배를 당하고 말면 대부분 미친 것처럼 되고 맙니다. 올바른 판단도 불가능하고 현실이 보이지 않게 됩니다. 그러나 마음이 냉정해져 안정하고 있으면 모든 것을 있는 그대로 정확히 볼 수 있게 됩니다. 나는 모든 정치가에게 이런 인내력이 필요하다고 생각합니다. 예를 들면, 고르바초프를 그 이전의 소련 지도자들과 비교해 보면, 그는 훨씬 냉정했다고 나는 생각합니다. 때문에 그의 정치는 성과를 올릴 수 있었던 것입니다."

그러나 평화주의는 수동적인 것을 의미하지는 않는다. 그는 계속해서 말한다.

"최종적으로는 중국인은 티베트가 다른 나라인 것을 이해해야만 합니다. 티베트가 정말로 전부터 중국의 일부였다고 한다면, 좋든 싫든 간에 중국과 함께 살아가야 합니다. 그러나 사실은 그렇지 않습니다. 때문에 우리에게는 당연히 우리의 권리를 요구할 자격이 있습니다."

달라이라마는 많은 시간 동안 티베트 불교가 다른 학문 분야와의 사이에서 얼마나 서로에게 도움이 되고 서로에게서 배울 수 있는가에 대해서 생각한다. 예를 들면, 그는 마르크스주의에 대해서 "힘에 의해서가 아니라 이성에 의해서, 따뜻한 마음의 훈련에 의해서, 그리고 이타주의의 발달에 의해서" 순수 사회주의를 이상적인 것으로 발전시킬 방법을 불교가 보여줄 수 있다고 생각한다.

그는 그의 신앙(티베트 불교)과 심리학, 우주론, 신경생물학, 사회과학, 물리학과의 사이에 많은 접점이 있다고 생각한다.

"최신 과학의 발견에서 우리들 불교도가 배워야 할 것이 많이 있습니다. 그리고 과학자들도 불교적 해석에서 배우는 것이 가능합니다. 우리들은 연구를 행하고 그 결과를 받아들여야만 합니다. 가령 그것이 부처의 말이라고 하더라도 실험에 견뎌 내지 못한다면 그 말은 버려야만 합니다."

그는 이렇게 말하고 유쾌하게 웃었다.

이같이 온화한 급진주의는 때로는 자신들의 지도자를 위해서는 서슴지 않고 자신의 목숨을 던질 수 있을 정도로 열렬한 지지자를 동요시킬 때가 있다. 1963년에 달라이라마가 작성한 헌법 초안 가운데는 인민의 뜻에 반하여 자기 자신의 소추를 가능하게 하는 한 구절이 포함되어 있다. 현재 그는 차기 달라이라마를 뽑기 위한 새로운 방법을 검토하고 있다. 바티칸과 같은 선거 시스템을 채용하거나 또는 연공서열을 기본으로 선출하거나, 나아가서는 이 제도 자체를 폐지한다고 하는 것까지 고려하고 있다(따라서 이는 환생한 달라이라마를 찾아내 추대하는 전통적인 방식을 포기하는 것까지를 포함하고 있으며, 그의 구상은 최근 들어 실천으로 옮겨지고 있다. 역자 주).

"반드시 지금 당장 결정해야 할 일은 아니지만, 모두가 마음의 준비를 할 수 있도록 정식으로 논의를 시작해야 할 때가 왔다고 나는 생각합니다."
라고 그는 말한다.

그 사이 이 망명 지도자는 세계를 적대하지 않고, 또 누군가가 말한 대로 하지도 않고 불교적 '중도' 의 사상에 가까운 간소하며 사욕 없는 인생을 추구해 나갈 것이다. 불교계의 최고위인 살아 있는 부처는 비행기의 퍼스트 클래스에 타는 것을 지금도 거부하고, 작년 가을 기자회견에서 말한 대로 항상 자기 자신을 '일개 승려' 라고 생각하고 있다. 그는 세계의 모든 철학 가운데서도 가장 지적인 것 중 하나인 불교의 가장 박학한 학자의 한 사람이면서 자신의 학설을 이해하기 쉽게 핵심을 찌른 언어로 바꾸어 말할 수 있는 능력이 뛰어난 지혜로운 사람이다.

이것은 1984년의 그의 저서 *Kindness, Clarity and Insight* [『사랑과 비폭력』(춘추사 간행)]에 잘 나타나 있다.

"나의 진정한 종교는 자비의 마음입니다."

라고 그는 말한다.

실제, 싫어하기가 거의 불가능한 아주 드문 사람 중의 한 사람을 적으로 만든 것은, 중국인에게 있어서 참으로 불운이라고 말할 수밖에 없다. 중국 정부는 공개적으로 그를 "정치적 시체, 악당, 나라의 적"이라든가, "국민의 살로 살아가는, 손을 피로 물들인 푸주한"이라고도 부르고 있다. 그러나 달라이라마를 만난 사람은 모두 그의 인품에서 우러나오는 따뜻함과 그 부드러움 때문에 한층 더 강한 카리스마에 의해 완전히 무방비 상태가 되고 만다.

옆에서 보면, 살아 있는 부처의 생활은 무서울 정도로 고독한 것으로도 생각된다. 더욱이 요사이 몇 년간은 그의 가장 가까이 있었던 사람들이 대부분 모두 이 세상을 떠나고 말았다. 두 사람의 선생, 어머니, 그리고 그의 어린 시절 유일하게 놀이 상대였던 형들이 말이다. 그러나 달라이라마는 다른 모든 것과 마찬가지로, 이와 같은 일에 대해서도 철학적으로 가장 깊은 의미로 받아들이고 있다.

"오래 전의 친구는 가고 말았지만 새로운 친구가 찾아옵니다."
라고 그는 밝고 냉정하게 말한다.

"매일의 생활과 같습니다. 낡은 하루가 지나가고 새로운 하루가 찾아옵니다. 중요한 것은 그것을 의미 있는 것으로 만드는 것입니다. 결국 소중한 친구 또는 의미 있는 하루가 되게 하는 것이 중요합니다."

03_ 달라이라마의 인생

존 에이프든의 인터뷰

내가 생각하는 것은 소박한 생활을 하면 만족할 수 있다는 것입니다. 행복해지기 위해서는 소박하게 사는 것이야말로 가장 중요한 일입니다. 욕심 부리지 않고 현상에 만족하는 것이 매우 중요합니다. 인간적으로 뛰어난 사람이 되려면 다음 네 가지 요소를 갖추는 것이 중요합니다. 어떤 음식에도 만족할 것, 초라한 옷에도 불평하지 말 것, 또는 어떤 의복도 기쁘게 입을 것 - 예쁜 것, 색상이 뛰어난 의상을 바라지 않을 것, 비바람을 피할 장소 정도면 거기에 만족할 것, 그리고 마지막으로 부정한 마음 상태를 버리고 명상을 통해 필요한 사람이 되려고 하는 것을 매우 기쁘게 생각하는 것입니다.

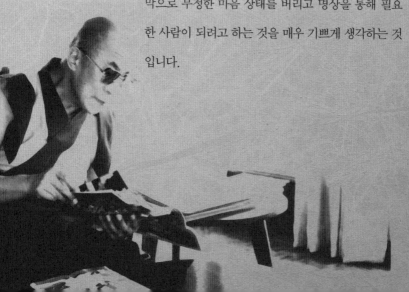

03_ 달라이라마의 인생

에이프든 : 달라이라마로 인정되었을 때 최초로 어떻게 느끼셨습니까? 자신의 신상에 일어난 일을 어떻게 생각하셨습니까?

달라이라마 : 매우 행복했으며 기뻤습니다. 내가 달라이라마로 인정되기 전부터 '너는 언젠가 라사에 가게 될 것'이라고 어머니가 자주 말씀하셨습니다. 집 창문 틀에 걸터 앉아서는 말을 타고 라사에 가는 흉내를 내곤 했습니다. 당시 나는 아직 어렸지만 이 일을 확실히 기억하고 있습니다. 라사에 가고 싶다는 생각이 강해졌습니다. 또 자서전에는 쓰지 않았지만, 내가 태어날 때, 한 쌍의 까마귀가 집 지붕 위에 날아와서 집을 지었습니다. 매일 아침 날아와서 잠시 그곳에 있겠구나 생각하면 또 어디론가 날아갔습니다. 달라이라마 1세, 7세, 8세, 그리고 12세가 태어날 때에도 이 같은 일이 일어났다고 하는 점에서 특히 흥미있게 느낍니다. 그들의 탄생 후에도 한 쌍의 까마귀가 날아와서 그곳에 머무는 것처럼 했던 것입니다. 내 자신의 경우이지만, 처음에는 이것에 관심을 두는 사람은 아무도 없었습니

다. 그렇지만 최근에 와서, 약 3년 전의 일이지만, 이야기를 하다가 어머니가 그것을 생각해 낸 것입니다. 어머니는 그 까마귀가 아침에 와서 잠시 있다가 사라지고 또 다음 날 아침에 오는 것을 알고 계셨습니다. 달라이라마 1세가 태어난 날 밤, 그 집에 강도가 들어왔는데 그의 부모는 갓난애인 그를 놓아둔 채로 도망가 버렸습니다. 그다음 날 부모가 집에 돌아와서 놓고 간 아이를 찾다가 방구석 쪽에 있는 것을 발견했습니다. 그런데 놀랍게도 한 마리의 까마귀가 어린애 앞에 머물면서 그를 지키고 있었습니다. 그 후 달라이라마 1세가 성장해서 정신 수업을 쌓아가던 중, 명상 가운데서 호법존인 마하가라와 직접 이야기를 나눌 수 있게 되었습니다. 그때 마하가라는 그에게 다음과 같이 말했습니다.

"너와 같이 부처님의 가르침을 지지하는 사람에게는 나 같은 보호자가 필요하다. 네가 이 세상에 태어난 바로 그날 너를 구한 것은 나다."

이처럼 마하가라와 까마귀 그리고 달라이라마와는 틀림없이 무언가 연결되어 있다는 것을 알 수 있습니다. 또 하나, 어머니가 선명하게 기억하고 있는 것이지만, 내가 라사에 도착해서 얼마 안 되어서의 일입니다. 노블링카라고 하는 어떤 집의 상자 안에 내 이빨이 들어 있다고 말한 것입니다. 그 집 사람이 상자를 열어 보니, 의치가 들어 있고 그것은 달라이라마 13세의 것이었습니다. 내가 그 상자를 가리키며 "이 속에 내 이빨이 들어 있다."고 말했다고 하는데 나 자신은 전혀 기억하지 못합니다. 현생의 자신에게 새롭게 일어난 일은 인상 깊이 남아 있지만, 과거 경험에 대한 인상은 작아지는 한편 점점 색이 바래는 것입니다. 그와 같은 일을 기억에 남기려고 특별히 의식하지 않는 한, 내가 그것을 생각해 내지는 않습니다.

에이프든 : 자신의 탄생 상황, 또는 어머니 태내에 있을 때의 상황을 기억하고 계십니까?

달라이라마 : 지금은 기억하고 있지 않습니다. 또한 내가 아직 어렸을 때는 그것을 기억하고 있었는지 아닌지조차 지금은 알 수 없습니다. 그러나 사소한 것을 통해 볼 때 기억하고 있었다고 생각할 수 있는 상황도 있었던 것 같습니다. 예컨대 어린애는 보통 눈을 감은 상태에서 태어납니다만 나는 눈을 뜬 채로 태어났습니다. 이것은 태내에 있을 때부터 사물을 알고 있었다는 것을 보여주는 것인지도 모릅니다.

에이프든 : 어렸을 때, 주위의 어른들로부터 귀한 사람으로 취급된 것에 대해서 어떻게 느끼셨습니까? 자신이 모두에게 숭배되고 있는 것에 대해 이해가 되셨는지요? 아니면 놀라셨는지요?

달라이라마 : 티베트 사람은 실제적인 사람들입니다. 나이 든 티베트

사람이라면 내 일을 그런 식으로 다루지는 않습니다. 어렸을 적에 나는 매우 자신에 차 있었습니다. 데프탄 평원의 라사에 처음 도착해서 내가 달라이라마 14세인 것을 더욱 실증하기 위해서 신탁사인 네충이 왔습니다. 그와 함께 데븐사의 로세린 대학으로부터 매우 훌륭하며, 정신적 달성도가 높은 나이 든 게세도 와 있었습니다. 그는 내가 참으로 달라이라마 14세인가 아닌가를 알아내는 일에 대해 매우 염려하고 있었습니다. 진정한 달라이라마를 찾아내는 것이 불가능하다면 엄청난 일이 되고 맙니다. 그는 수행자이지 정부 사람은 아니었기 때문이죠. 내가 여러 사람들과 함께 텐트 안으로 들어가자, 거기에 그가 와서는 내가 정말 달라이라마라고 결단을 내렸습니다. 그렇기 때문에 그 결단이 올바른 것인지 아닌지를 확인하고 싶다고 생각하는 나이 든 사람들도 있었지만, 내가 겉으로는 달라이라마처럼 행동했기 때문에 그들을 납득시켰던 것입니다.(웃음)

　나는 지금까지 내 자신의 지위에 불안을 느낀 적이 한 번도 없습니다. 찰스 베르는 내가 모든 것을 참으로 자연스럽게 받아들이고 있다고 말했습니다. 놀랐던 것이라고 한다면, 확실히 기억하고 있는 일이 하나 있습니다. 어느 날 밤의 일이죠. 어머니가 계신 곳에 가고 싶다고 생각했습니다. 그때 어머니는 가족과 함께 라사에 와 계셨습니다. 나는 그때 가장 지위가 높은 사람의 텐트에 있었습니다. 들어가는 입구에는 매우 체격이 좋은 보디가드가 서 있었습니다. 해가 저물던 때의 일로, 그의 한쪽 눈은 상처를 입어서 상해 있었습니다. 나는 텐트 밖으로 나가는 것이 무서웠던 것을 기억합니다.

에이프든 : 16세부터 18세까지 사이에 정치권력을 승계하면서부터 무엇인가 변했습니까?

달라이라마 : 예! 변했습니다. 매우 조금이지만. 많은 행복과 고통을 동시에 체험했습니다. 그러한 경험 가운데서도 변했으며, 성장해서 좀 더 많은 경험을 쌓은 것과, 곤란한 문제나 고통을 통해서도 변했다고 생각합니다. 그렇게 한 결과 당신 눈앞에 있는 사람이 된 것입니다.(웃음)

에이프든 : 당신의 사춘기 시절은 어떠했습니까? 많은 사람들은 자신을 어른이라고 의식하기 어려운 시기입니다만, 당신의 경우도 그러했습니까?

달라이라마 : 아니오! 내 경우는 매일 빈틈없는 일과가 정해져 있었기 때문이죠. 하루에 한 시간씩 두 번에 걸쳐서 공부하고 나서는 나머지 시간은 놀았습니다.(웃음) 13세 때 불교 철학, 불교 윤리학, 문답을 배우기 시작했습니다. 과목도 늘어나서 서예도 배웠습니다. 당연히 모든 것이 일과로 정해져 있었기 때문에 특별히 저항하진 않았습니다. 때때로 휴가도 있었습니다. 매우 즐겁고 기뻤습니다. 내 바로 위

의 형인 로프산 사마틴은 보통은 학교에 다녔습니다만, 이 기간에는 내 처소를 방문해 주었습니다. 어머니도 이 기간에 맞추어 고향인 암도 지방의 빵을 가지고 오셨던 일도 있습니다. 어머니가 직접 만드신 매우 두껍고 맛있는 빵이었습니다.

에이프든 : 성장하시면서 아버님과 연락할 수 있는 기회는 있었습니까?

달라이라마 : 아버님은 제 나이 13세 때 돌아가셨습니다.

에이프든 : 선대 달라이라마 가운데 특히 관심을 두신 분이나, 혹은 특히 공감을 갖고 계신 분은 있습니까?

달라이라마 : 달라이라마 13세입니다. 주로 종교적으로 두 가지 공적을 세우신 분이지요. 승원의 학문적 수준을 크게 향상시키고, 정말로 배우고 싶다고 생각하는 사람들에게 커다란 격려를 해 주셨습니다. 종합적으로 자격을 얻지 않는 한, 종교적으로 가장 높은 계급, 즉 승원장이라고 하는 지위에 오르는 것은 불가하다는 것을 정하셨습니다. 13세는 이 점에 대해서 매우 엄격한 분이셨습니다. 또 몇만 명의 승려들에게 구족계를 주셨습니다. 관정이나 법어는 그다지 많이 하시지 않았습니다만, 국가에 관해서는 치국책—특히 행정구의 개요입니다만—어떻게 국가를 다스려야 하는가에 대해서는 많은 계획

이나 생각을 가지고 계셨습니다. 정부를 잘 운영해 가려면 어떻게 하면 좋을까 하는 것에 비상한 관심이 있었습니다. 티베트 국경 문제나 그것에 관련된 문제에 대해서 매우 염려하셨습니다.

에이프든 : 지금까지의 인생에서 최대의 교훈이 된 일, 혹은 정신적으로 자신을 흥분시켰던 일은 무엇이 있을까요? 한 사람의 인간으로 성장하는 과정에서 가장 영향을 받은 인식이나 체험은 무엇입니까?
달라이라마 : 종교적인 체험으로는, 순야(Sunya, 空, 실체가 없는 것)의 이해-어떤 종류의 감각이라고 할까? 체험이라고 할까?-그리고 주로 보리 치타(Bodhi cita), 즉 이타심입니다. 이타심에 의해서 많은 사람이 구원되고 있습니다. 어떤 의미에서는 그것이 내 인격을 변하게 하고 새롭게 다시 태어나게 했다고도 말할 수 있겠지요. 지금도 역시 나는 진보하고 있습니다. 그렇게 노력하고 있습니다. 보리 치타는 내면의 강함이나 용기를 가져다주고, 현상을 받아들이는 것을 쉽게 해줍니다. 이것이야말로 최대의 체험입니다.

에이프든 : 보리 치타라는 말씀은 더욱 인식을 깊게 하는 것을 말씀하십니까? 그렇지 않으면 외적 체험과 관련된 어떤 특정한 순간에 대해서 말씀하십니까?
달라이라마 : 주로 내면적 실천입니다. 외적인 원인이나 주위의 환경

도 있을지 모릅니다. 외적 요인은 보리 치타에 대한 자신의 이해를 깊게 하는 요소가 된다고 생각합니다만, 보리 치타는 주로 내면적 실천에 의해서 솟아나는 것이어야만 합니다.

에이프든 : 국경선을 넘을 때 실천했던 것으로 무언가 구체적인 예를 들어 주시겠습니까?

달라이라마 : 우선 공의 이론, 그리고 보리 치타의 마음이지요. 1965 년과 66년경의 일입니다. 이것은 극히 개인적인 일이지요. 정말로 종교의 가르침을 실천하고 있는 사람은 이러한 일을 개인적인 것으로 덮어 두지 않으면 안 됩니다.

에이프든 : 알겠습니다. 은밀한 체험에 대해서는 묻지 않겠습니다만, 지금까지의 인생에서 일어난 일이 한 사람의 인간으로서의 예하에게 어떠한 영향을 미쳐 왔을까요? 그러한 경험을 통해서 어떻게 성장해 오셨습니까?

달라이라마 : 망명 신세가 된 것은 매우 유익했다고 생각합니다. 현실에 보다 가까워질 수 있게 되었기 때문이죠. 달라이라마로서 티베트에 몸을 두고 있던 때에는 열심히 현실적이 되려고 했습니다만 아무래도 주위의 환경 때문이었을까요? 현실과는 다소 거리가 있었다고 생각합니다. 약간 현실과는 떨어져 있었던 것입니다. 그러다가 나는

망명객 신세가 되었습니다. 하지만 좋은 일입니다. 망명객 신세가 되어서야 경험이나 결의를 하거나 안으로 강함을 얻을 좋은 기회가 주어진 것입니다.

에이프든 : 망명자가 되신 때, 그 강함을 얻는 것에 어떤 일이 도움이 되셨는지요? 지위와 국가를 상실했던 일, 즉 자신의 주위 사람들이 모두 괴로워하고 있는 사실이었을까요? 지금까지와는 다른 방법으로 국민을 지도할 필요성을 느껴서일까요?

달라이라마 : 망명자로 있는 것은 정말로 목숨을 건 위험한 상태입니다. 그러한 상황에서는 모두가 현실적이 됩니다. 만사가 잘 되고 있다고 상황을 꾸미는 것이 아닌, 있는 그대로의 현실을 직시하는 것이 가장 중요한 일이니까요. 나의 현존이 현실과 깊이 연관되어 있다는 것을 느끼는 것입니다. 평온한 때에는 무슨 일이라도 잘 되어 갑니다. 가령 문제가 있다고 해도 사람들은 만사가 잘 되어 가고 있는 것처럼 꾸미지요. 그렇지만 위기가 찾아와 극적인 변화가 일어나면, 어떤 일이라도 잘 되어 가는 것처럼 꾸밀 여지가 없습니다. 나쁜 것은 나쁜 것으로 상황을 받아들일 필요가 있습니다. 내가 노블링카 궁을 떠날 때는 위험한 상황이었습니다. 우리들은 중국군 부대 옆을 지나왔습니다. 강 바로 건너편 쪽이었는데, 그곳은 중국의 검문소가 있었습니다. 그 시점에서 우리들에게 알려져 있었던 것은 중국 측은

언제라도 우리들을 공격할 준비가 되어 있다는 것과 출발하기 2, 3
주 전에 관한 정보밖에 없었고 나머지는 시간의 문제였습니다.

에이프든 : 키츄강을 건너서 기다리고 있던 캄 지방 출신 사람들에 의
해 게리브 군부대와 우연히 만났을 때 직접 주도권을 잡았습니까?
구체적으로 국외로 탈출하는 것은 누가 결정하였습니까?
달라이라마 : 우리들은 라사를 떠나자마자 곧 나를 포함한 9명이 내부
조직, 즉 모든 것에 대해서 의논하는 위원회를 만들었습니다.

에이프든 : 거기에 합의한 것은 당신의 생각이었습니까?
달라이라마 : 예! 그렇습니다. 라사에 남겨진 사람들도 마찬가지로
인민위원회를 조직했습니다. 말하자면 혁명심의회와 같은 것이지
요. 물론 중국 측에서 보면 이것은 반혁명위원회였겠지요. 국민들이
선출한, 그것도 2, 3일에 조직된 것입니다. 그 같은 위원회가 조직되
고 주된 사항은 모두 이 위원회에 의해서 결정되었습니다. 나도 그
것을 인정하는 명령 편지를 위원회 앞으로 보냈습니다. 나와 함께
피해 온 사람들로 만든 팀에서는 매일 밤 실제 문제점에 대해서 의
논했습니다. 처음부터 우리들이 생각해 온 계획은 남 티베트에 본부
를 두는 것이었으니까요. 1959년 4월 24일이었다고 생각합니다만,
라사에서 남 티베트로 옮겨서 티베트 임시정부를 수립한 것을 판디

트 네루(Pandit Jawaharlal Nehru 1889-1964) 수상에게 보고했습니다. 이것에 대해서 자세히 말할 작정이었습니다만, 그분은 조금 동요하고 있었습니다.(웃음) 그는 "그 정부는 인정하지 않겠다."고 말했습니다. 망명정부는 아직 내가 티베트에 있을 때 만들어진 것이지만, 그때 나는 벌써 인도에 있었습니다.

에이프든 : 예하께서 무한의 자비심을 가지고 계신 보살의 화신, 관세음보살(티베트어:Chenrezig)이라고 하는 것을 들으셨으리라 생각합니다. 이것에 대해서 한 사람의 인간으로서 어떻게 느끼셨습니까? 아무것도 의심할 여지가 없는 당연한 일이라고 생각하십니까?

달라이라마 : 확실히 말씀드리는 것은 어려운 일입니다. 지금까지의 자신의 인생을 빈틈없이 찾아가는 명상을 과거에 행하지 않았다면 정확히는 말씀드리는 것이 불가능하겠지요. 우리들의 전생(轉生, 생명을 바꾸는 것)에는 네 가지 형태가 있다고 생각합니다. 하나는 일반적으로 생각하는 형태로 인간은 자신의 전생을 자신의 의지로 결정하지는 못하지만, 과거에 행한 것에 의해 육체를 받는다고 하는 것입니다. 이것에 상반하는 것이 깨달음의 경지에 도달한 부처의 전생입니다. 부처는 인간을 구제하기 위해 인간의 모습으로 나타난 것에 불과합니다. 이 경우, 이 인물이 부처인 것은 틀림없습니다. 세 번째는, 과거의 정신적 달성도가 높으면 전생의 장소와 상황을 자신이

선택하는 것이 가능하거나 또한 적어도 자신의 의지로 바꾸는 것이 가능하다고 하는 것입니다. 네 번째는, 신성한 나타남이라고 부르는 것입니다. 이같이 불리는 사람에게는 예를 들면 종교의 가르침을 설하는 것 등, 다른 사람을 구하기 위한 능력이 보통 이상으로 주어집니다. 이 네 번째의 형태에 관해서는 타인을 구하고 싶다고 하는 이 사람의 전세(前世, 이전 세상)에서의 바람이 매우 강했던 것이 틀림없습니다. 그렇기 때문에 그와 같은 능력이 주어지는 것입니다. 짐작되는 바가 있기는 합니다만, 그중에 내가 어느 경우에 속해 있는지 단언하기 어렵습니다.

에이프든 : 예하께서 관세음보살로서 현실에서 역할을 수행하고 계신 입장에서 그 일을 어떻게 생각하고 계십니까? 어쨌든 덕이 높은 신성한 사람으로 인정되는 사람은 극히 소수에 불과합니다. 그 역할은 힘든 의무와 같은 것입니까? 아니면 즐거운 것입니까?

달라이라마 : 매우 고마운 일입니다. 이 역할을 통해서 나는 사람들에게 크게 공헌할 수 있습니다. 그 때문에 이 역할을 좋아하고 있으며, 즐겁게 역할을 수행하고 있습니다. 틀림없이 사람들을 도와주고 있으며, 업보(카르마)와 같은 연결고리가 있기 때문에 이 역할에 대해서도 즐거운 느낌이 분명합니다. 또 유달리 티베트 사람과 업보와 같은 연결고리가 있는 것도 확실합니다. 때문에 이러한 상황이 나는

매우 행운이라고 생각하고 있습니다. 그러나 행운이라는 말의 이면에는 진정한 원인과 이유가 있습니다. 그와 같이 하고 싶다고 생각하는 나의 의지의 힘과 마찬가지로, 이 역할을 떠맡는 것을 가능하게 하는 업(카르마)의 힘이 존재하기 때문입니다. 이와 관련해서 위대한 산디 데바가 쓴 『입보리행론(入菩提行論)』 속에 다음과 같이 쓰여 있습니다. "이 우주가 있는 한, 그리고 윤회 속에서 헤매는 중생이 있는 한, 나는 계속 존재할 것이다. 헤매는 중생의 고통을 제거하면서." 나는 금생에서 그와 같은 바람을 가지고 있으며, 또 과거의 인생에서도 같은 바람을 가지고 있었던 것을 알고 있습니다.

에이프든 : 실천 동기로서, 그러한 큰 목표를 가지고 계십니다만, 한 사람의 인간으로서의 한계도 분명할 텐데, 거기에는 어떻게 대처하고 계십니까?

달라이라마 : 역시 산티 데바의 말씀에 있는 그대로입니다. "성스러운 부처가 만약 모든 중생을 만족시키지 못한다면 어떻게 나에게는 가능할 수 있겠는가." 무한한 지식과 능력을 갖추고 모든 중생을 고통에서 구원하고자 하는, 깨달음의 경지에 올라 있는 사람조차도 한 사람 한 사람의 업보를 모두 없앨 수는 없습니다.

에이프든 : 예하께서 책무를 느끼고 계신 6백만 명의 티베트인이 고

통 받고 있는 것을 눈으로 보고도 망연자실하는 일이 없는 것은 이러한 생각을 가지고 계시기 때문인가요?

달라이라마 : 나의 마음은 모든 중생에게 향해 있습니다. 그러나 티베트 사람을 구제하는 데 더욱 힘을 쏟고 있는 것은 분명합니다. 만일 문제를 수습하는 것이 가능하고 무엇인가 손을 쓸 수 있는 상황이라면 걱정할 필요가 없습니다. 만약, 그것이 불가능하다면 걱정해도 소용없는 것이지요. 걱정한다고 해서 아무 도움도 되지 않습니다.

에이프든 : 그렇게 말하는 사람은 많이 있습니다만, 실제로 그렇게 살아가는 사람은 거의 없습니다. 예하는 항상 그렇게 느끼고 계시는지요? 그렇지 않으면 그것을 배울 필요가 있는 것입니까?

달라이라마 : 그것은 정신적인 수행을 쌓아야만 몸에 배는 것입니다. 넓은 눈으로 보면, 앞으로도 항상 고통은 존재하겠지요. 우선 첫 번째 단계에서는 사람은 자신이 과거에 몸과 말과 또는 마음으로 범한 좋지 않은 행위에서 생기는 결과를 경험하지 않으면 안 된다고 하는 의무가 있습니다. 그런데 역시 인간의 삶의 본질은 고통에 있습니다. 나의 행위를 반영해서 생기는 고통은 하나만이 아니라 그 밖에도 많이 있기 때문입니다. 실제로 고통의 원인이 되는 것을 생각해 보면, 앞에서 말한 대로, 만일 수습이 가능하다면 걱정할 필요가 없는 것입니다. 그러나 그렇지 않다면 걱정해도 소용이 없습니다. 그

원인을 생각해 보면, 고통은 다른 것이 아니라 자기 자신이 과거에 범해서 쌓아 온 좋지 않은 행위에서 시작된 것입니다. 이와 같은 업보는 없어지지 않습니다. 자업자득이라고 말하는 것이지요. 또 사람은 자신이 범하지 않은 행위에서 생긴 결과를 경험하는 일은 없습니다. 결국, 고통 자체의 성질을 생각하면 마음에도 몸에도 본질적인 고통은 있는 것입니다. 마음도 몸도 고통을 느끼기 위한 기관으로서 기능하고 있습니다. 따라서 몸과 마음이 있는 한 고통을 느끼게 됩니다. 깊이 생각해 보면, 우리들이 독립하지 못하고 다른 나라에서 생활하고 있는 동안은 어떤 종류의 고통을 느낍니다. 티베트에 돌아가서 독립을 쟁취하면 그때는 그때대로 또 다른 고통이 있는 것입니다. 그렇기 때문에 이것은 당연히 정해진 대로 된다고 말할 수 있습니다. 여러분은 내 말을 비관적이라고 생각하겠지만, 그렇지는 않습니다. 이것이야말로 불교가 현실주의라는 것을 말해 줍니다. 불교의 가르침과 조언을 통해서 이와 같은 상황에 대처하고 있는 것입니다. 어느 날, 5만 명이나 되는 석가족이 살해당했던 일이 있습니다만, 그 민족의 한 사람인 석가모니 부처님은 전혀 고통스러워하지 않은 채, 나무에 걸터앉아 이렇게 말씀하셨습니다.

"오늘은 왠지 조금 슬프구나. 5만 명이나 되는 동족들이 살해당하고 말았다니!"

그런데, 그 자신에게는 어떠한 영향도 끼치지 않았던 것입니다.

자! 이렇게 되는 것입니다. (웃음) 이것은, 살해당했던 한 사람 한 사람의 업보의 원인과 결과에서 일어난 것으로 그들은 어찌 할 수 없었던 것입니다. 이와 같은 사상이 나를 더욱 강하게, 더욱 행동하게 하는 것입니다. 보편적인 고통의 본질을 생각하는 것이 항상 사람의 강한 마음이나 의지를 잃게 하는 것은 아닙니다.

에이프든 : 휴식을 위해서 어떤 일을 하는가를 묻고 싶습니다. 정원손질(園藝)이나 기계 만지기라던가?

달라이라마 : 예! 취미 말씀이군요. 시간 보내기입니다만, (웃음) 뭔가를 수리하면 정말로 기쁩니다. 어렸을 적부터 뭔가 흥미있는 물건을 보면 뜯어서 속을 들여다보곤 했습니다. 기계가 어떻게 움직일까 궁금했던 것이지요. 그때는 무던히도 모터 속이 어떻게 되어 있는지 알고 싶었지만, 요즘은 물건이 망가지면 수리하는 정도입니다.

에이프든 : 정원손질(gardening)은 어떻습니까?

달라이라마 : 다람살라에서 정원손질을 하는 것은 거의 불가능했습니다. 아무리 열심히 보살펴도 몬순 기후 때문에 모두 허사가 되고 맙니다. 승려 생활은 매우 만족스럽고 행복한 것입니다. 가사를 벗어버린 사람들의 이야기를 들어 보면 압니다. 그들은 승려의 가치를 잘 알고 있기 때문이죠. 승려가 아닌 일반인의 생활이 얼마나 번거

롭고 큰일인가, 여러 가지 이야기를 듣고 있습니다. 예쁜 부인과 귀여운 아이들에게 둘러싸여 잠깐은 행복하겠지요. 그러나 긴 인생에는 많은 문제가 자연히 일어납니다. 기분대로 혼자서 지내는 시간의 절반, 즉 자유의 절반은 없어져 버린 것이기 때문이죠. 자유스런 기분대로 있던 것을 일부러 버림으로써 생기는 불편을 경험하는 것이 무엇인가 이익이나 의미가 있는 것이라면, 그것은 그것대로 가치가 있는 것이지요. 만약에 그것이 사람을 구제하는 좋은 결과를 가져오는 상황이라면 결국 그것은 좋은 일입니다. 그 불편이 가치 있는 것으로 바뀌니까요. 그러나 그렇지 않다면 아무 의미도 없습니다.

에이프든 : 우리들에게 부모가 있었기 때문에 여기서 이렇게 이야기하고 있는 것이겠지요. 우리들에게 부모가 없었다면 여기서 이렇게 이야기하고 있을 수는 없겠지요.

달라이라마 : 자식을 갖는 것이 나쁘다고 말하는 것은 아닙니다. 모두가 승려가 되어야 한다고 말하는 것도 아닙니다. 그런 일은 불가능합니다. (웃음) 내가 생각하는 것은 소박한 생활을 하면 만족할 수 있다는 것입니다. 행복해지기 위해서는 소박하게 사는 것이야말로 가장 중요한 일입니다. 욕심 부리지 않고 현실에 만족하는 것이 매우 중요합니다. 인간적으로 뛰어난 사람이 되려면 다음 네 가지 요소를 갖추는 것이 중요합니다. 어떤 음식에도 만족할 것, 초라한 옷에도

불평하지 말 것, 또는 어떤 의복도 기쁘게 입을 것–예쁜 것, 색상이 뛰어난 의상을 바라지 않을 것, 비바람을 피할 장소 정도면 거기에 만족할 것, 그리고 마지막으로, 부정한 마음 상태를 버리고 명상을 통해 필요한 사람이 되려고 하는 것을 매우 기쁘게 생각하는 것입니다.

04_ 달라이라마의 하루
-판야 구리의 대화에서

달라이라마

취침시간이 되면 명상과 기도를 올리고 8시 반이나 9시 반까지는 자러 갑니다. 그러나 달이 떠 있는 밤에는 달빛과 함께 티베트에 감금되어 있는 조국의 사람들을 생각합니다. 나는 망명 신세이지만 묶여 있지 않고 국민에게 자유스럽게 말을 건넬 수 있는 것에 감사하고 있습니다. 조국의 사람들을 위해, 특히 티베트의 보호신인 관세음보살에게 기도를 올립니다.

04_ 달라이라마의 하루

나는 4시에 눈을 뜨면 무의식적으로 진언을 외우기 시작합니다. 이 것은 내 행동의 모든 것, 언어·사고·행위·나의 하루를 사람들의 구제에 온전히 적극적으로 바치기 위한 기도의 주문입니다. 모든 승려와 똑같이 나는 청빈 서약에 따르고 있기 때문에, 개인적인 소유물은 없습니다. 침실에는 침대가 놓여 있고 아침에 눈을 떴을 때, 맨 처음 눈에 들어오는 것은 부처님의 얼굴입니다. 이것은 끼롱(행복한 마을이라는 뜻)에서 모셔 온 17세기의 신성한 불상으로, 중국으로부터의 훼손을 면한 몇 가지 안 되는 것 중 하나입니다.

우리들은 고도 2천미터나 되는 곳에 있었기 때문에 아침에 일어나면 추워서 조금 몸을 움직이고 나서 재빨리 세수를 마치고 옷을 갈아입습니다. 옷은 다른 수도승과 같은 연지색(짙은 적색) 예복을 착용합니다. 소재는 그다지 좋은 것은 아니고 천을 연결해서 만든 것입니다. 만일 재질이 좋아서 한 장의 천으로 되어 있는 것이라면, 그 것을 팔아서 뭔가 다른 것으로 교환하는 것도 가능하지만, 여기서는 그렇게 하지는 않습니다. 따라서 세속적인 물건에는 집착하지 않는다는 우리들의 인생철학이 한층 강해집니다. 그리고 5시 반부터 명상하고 오체투지를 하며 기도를 올립니다. 우리들 수도승은 자기의 잘못된 행위를 생각해 내는 특별한 수행을 하지만, 나도 참회를 하면서 모든 생명체의 행복을 위해서 기도하는 주문을 외웁니다.

새벽에는 비가 내리지 않으면 정원에 나갑니다. 나에게 매우 특별한 시간입니다. 올려다보면 하늘은 매우 맑고 별도 보이는 이 특별한 기분–이 우주에서 자신은 아주 작은 존재라는 감정–을 맛봅니다. 우리들 불교도가 이른바 무상이라고 부르는 감정, 그것이 거기에 있습니다. 마음이 매우 차분해지고 때로는 무심의 상태가 되어 일념으로 새벽을 맛보며 새가 지저귀는 소리로 귀를 맑게 합니다.

28년간 나와 함께 지낸 나무 걀 승원에서 온 수도승인 펜챠카로가가 아침을 가져옵니다. 식사의 내용은 티베트 풍과 서양 풍이 반반으로, 참빠라고 하는 큰 보리를 찐 것과 오토밀 죽입니다. 아침을 먹으면서 BBC 월드 서비스의 뉴스를 듣습니다. 6시 정도 되면, 다른 방으로 가서 9시까지 명상을 합니다. 명상 중에 모든 불교도는 바른 동기–자비, 용서, 관용의 마음을 몸에 담는 수련을 합니다. 나는 하루에 6, 7회 명상을 합니다.

9시부터 점심 식사 때까지는, 경전을 읽으며 공부합니다. 불교는 매우 심오한 종교로 내 자신도 지금까지 계속 불교를 공부해 왔지만 배워야 할 것은 아직 많이 있습니다.

유감이지만, 우리들의 고문서나 사본은 거의 모두 중국인의 손에 의해서 소실되고 말았습니다. 그것은 바로 금세기의 구텐베르그 성서가 모두 소실되어 버린 것과 같습니다. 아무런 기록도 남아 있지 않습니다. 중국이 침입하기 전에는 6천 곳 이상이나 되는 승원과 사원이 실제로 기능하고 있었지만, 현재는 겨우 37곳밖에 남아 있지 않습니다.

나는 서양의 명작을 읽으려고 노력합니다. 서양의 철학이나 과학 서적, 그중에서도 핵물리학·천문학, 그리고 신경물리학에 대해서 좀 더 배우고 싶습니다.

서양의 과학자들이 뇌의 기능에 관한 그들의 연구 내용을 불교도가 실제로 체험하는 여러 가지 의식 단계와 비교해 보지만, 그것은 이미 우리들이 터득해 버린 것입니다.

나는 공작 활동을 하고 싶을 때가 자주 있습니다. 라디오의 배터리를 충전하거나 뭔가를 수리하기도 합니다. 어릴 적부터 기계로 움직이는 물건–장난감, 미니카–이나 비행기 등 내 손으로 자세히 살펴볼 수 있는 물건이 매우 좋았습니다. 라사에는 달라이라마 13세의 물건이었던 낡은 영사기가 있었습니다. 아주 오래 전 중국에 있던 승려가 사용한 것이지만, 그의 사후에는 다른 어떤 사람도 그 영사기를 움직이는 방법을 아는 사람이 없었습니다. 그래서 내가 그것을 움직이는 방법을 배웠습니다만, 설명서를 읽지 못했기 때문에 시행착오를 거듭해야 했습니다. 그때는 티베트 말밖에 할 줄 몰랐기 때문이죠. 아무튼 지금은 내 작업장에서 손목시계나 벽시계 같은 것을 수리하는 정도입니다. 그 밖에는 온실에서 식물을 키우고 있습니다. 식물, 특히 히엔소와 튤립을 매우 좋아해서 커 가는 것을 지켜보는 것이 큰 즐거움입니다.

12시 반이 되면 점심을 먹습니다. 야채를 좋아하지만 채식주의자는 아닙니다. 나온 것은 모두 먹습니다. 특파라고 하는 면이 들어 있는 국이나 모모라고 하는 고기가 들어 있는 찐 경단도 있고, 샤 파그렙이라고 하는 기름에 흠뻑 튀긴 고기가 들어간 빵도 있습니다.

오후에는 까삭(Kashag, 티베트망명정부 자문위원회)이나 티베트 국민대의원대회의 의원들과의 공식회의에 출석합니다. 티베트 출신 사람이 언제나 출석해야 하지만, 중국 측의 허가를 얻은 사람도 있고 그렇지 않은 사람도 있습니다. 대부분 허가를 얻지 않은 채 5,000m정도의 히말라야산맥을 넘어서 도망쳐 온 용감한 사람들입니다.

우리에게 매우 마음 아픈 일이 있습니다. 그들에게는 모두 이런저런 슬픈 사연과 비통한 절규가 있습니다. 실제로 어떤 사람이든 중국인에게 살해당한 친척이나 중국의 감옥 또는 노동자 캠프에서 죽은 친척의 이름을 나에게 말합니다. 모두 빈곤으로 매우 나쁜 건강상태에서 여기에 도착했기 때문에 나는 그들에게 원기를 불어넣고 실제로 어떻게 하면 그들을 구제할 수 있을까 생각하며 그 답을 얻고자 노력하고 있습니다.

대개 그들은 여기에 아이들을 데리고 옵니다. 티베트 언어, 신앙이나 문화를 몸에 익히는 것 외에 달리 살아갈 방도가 없다고 나에게 말합니다. 그래서 나이 어린 아이들은 여기 다람살라나 몇몇 곳에 있는 '티베트어린이마을'(고아원, Tibetan Children's Village)에 보내지고, 큰 아이들 중에서 승려가 되고 싶다고 하는 자는 수행을 위해 남인도의 승원에 가게 합니다.

어떤 티베트 사람들은 내가 티베트에 돌아갈 것을 희망합니다만, 내부 정보에 의하면 현재 이러한 상태에서는 돌아가지 않는 것이 좋다고 합니다. 대다수 티베트인들은 내가 중국에 돌아감으로써 판첸라마와 같이 중국 측의 꼭두각시가 되는 것을 바라고 있지 않습니다. 그 점에서 여기는 자유스런 사회이기 때문에 티베트 국내에 있는 것보다 티베트 국민의 대변자로서의 입장이 좋으며, 국외에 있는 편이 그들을 보다 더 잘 원조할 수 있는 것입니다. 고아들을 위해서, 다람살라에서 '티베트어린이마을' 운영하고 있는 누이동생 페마가 자주 찾아와서 여러 가지 문제점을 이야기하기도 합니다.

모든 승려가 그렇듯이 나도 내 가족과는 별로 만나지 않습니다. 부모님은 모두 돌아가셨습니다. 형인 놀브는 인디아나주의 부르민턴에서 티베트를 연구하는 교수 생활을 하고 있습니다. 던 둡은 사업가로서 홍콩에서 생활하고 있습니다. 유감이지만, 바로 위의 형인 롭산 삼텐은 2년 전에 죽었습니다. 우리들은 매우 사이좋게 포탈라 궁에서 함께 생활하고 공부했으며 자주 함께 모든 짓궂은 짓을 했습니다. 생전에 그는 이곳 의료센터에서 근무했습니다. 그를 잃어버린 것을 매우 슬프게 생각합니다.

오후 6시가 되면, 차를 마십니다. 나는 승려이기 때문에 저녁은 먹지 않습니다. 7시에는 TV를 보지만, 유감스럽게도 방송되는 것은 토론 프로입니다. 하나는 암릿샤의 것이고, 다른 하나는 파키스탄의 프로그램입니다만, 판잡어와 우루뒤어는 알지 못하기 때문에 내용도 전혀 모릅니다. 그러나 때때로 영어판 영화가 방송되는 경우도 있습니다. 서양 문명에 관한 BBC 시리즈와 아름다운 자연을 다룬 BBC 프로그램이 좋았습니다.

취침시간이 되면 명상과 기도를 올리고 8시 반이나 9시 반까지는 자러 갑니다. 그러나 달이 떠 있는 밤에는 달빛과 함께 티베트에 감금되어 있는 조국의 사람들을 생각합니다. 나는 망명 신세이지만 묶여 있지 않고 국민에게 자유스럽게 말을 건넬 수 있는 것에 감사하고 있습니다. 조국의 사람들을 위해, 특히 티베트의 보호신인 관세음보살에게 기도를 올립니다. 언제나 산의 요새에 숨어 있는 조국의 사람들을 생각하지 않고는 견딜 수 없습니다.

05_ 자애와 동정

달라이라마

스스로 우러나오는 감정-화냄 같은-을 다스리고 타인에 대한 자비심과 동정의 마음을 더욱 키우려고 노력하면, 결국은 자기 자신에게도 좋은 결과가 옵니다. 그렇기 때문에 '현명한 이기주의자'인 사람이야말로 그렇게 해야 한다고 생각합니다. '어리석은 이기주의자'인 사람은 항상 자신의 일만을 생각하기 때문에 결과는 자신에게도 해로움뿐입니다. 현명한 이기주의자인 사람은 타인의 일을 생각하고 가능한 한 타인을 도우려고 하기 때문에 결과적으로 그들이 베푼 것 이상의 은혜를 받는 것이 됩니다.

"종교를 믿건 믿지 않건, 전생을 믿건 믿지 않건, 자애와 동정에 감사하지 않는 사람은 없다."

05_ 자애와 동정

오늘밤은 자비와 동정의 중요성에 대해서 말하겠습니다. 나는 불교도로서도, 달라이라마로서도, 티베트인으로서도 아닌 한 사람의 인간으로서 말하고자 합니다. 또 여기에 모이신 여러분도 지금 여기서는 미국사람이라든가 서양인이라든가 다른 특정한 그룹에 속한 멤버로서가 아닌 한 인간으로서 자기 자신에 대해서 생각해 주시면 고맙겠습니다.

이렇게 말하는 것은 다음의 두 가지 문제 때문입니다. 나와 그리고 내 말을 듣고 있는 여러분도 서로 인간으로서 마음이 통한다면 우선 기본적인 수준에는 도달해 있는 것입니다.

만약 내가 자신은 승려라든가 불교도라고 말한다면, 한 사람의 인간으로서의 나의 본질에서 본다면 그것은 거짓 모습에 불과합니다. 한 사람의 인간이라는 것이 기본이 되고 한 사람의 생을 부여 받은 이상 죽음을 맞이할 때까지 인간인 것에는 변함이 없는 것입니다. 그 밖의 상황-교육을 받았는지 아닌지, 여유가 있는지 궁핍한지 등－은 부차적인 것입니다.

오늘 우리는 많은 문제에 직면해 있습니다. 그 가운데는 이데올로기, 종교, 인종, 경제적 지위나 그 밖의 요소가 원인이 되어 우리가 스스로 불러일으킨 대립에 기인한 문제도 있습니다. 따라서 좀 더 깊은 수준, 즉 인간다운 수준에서 생각해야 할 때가 오면, 그러한 수준에서 우리들은 다른 사람도 자신과 같은 인간이라는 것을 인식하고 존경하게 됩니다. 우리들은 문화·철학·종교 또는 신앙이 다른 것에 관계없이 서로 신뢰하고 이해하고 존경하고 그리고 서로 돕는 보다 친밀한 관계를 형성하지 않으면 안 됩니다.

결국 인간은 모두 똑같이 육체와 뼈를 가지고 피가 통하는 생물이기 때문에 우리들은 모두 행복을 염원하고 고통으로부터 벗어나려고 합니다. 더욱이 모두 행복해질 권리가 똑같이 부여되어 있습니다. 바꾸어 말하면 우리들은 모두 인간으로서 똑같다는 것을 충분히 이해하는 것이 필요합니다. 우리들은 모두 한가족의 일원입니다. 그렇기 때문에 싸우는 것은 2차적 이유가 원인이 되어 일어나는 것으로, 서로 논쟁하거나 속이거나 억압하거나 하는 것은 모두 무의미한 것입니다.

유감스럽게도 오랜 세월 동안 인류는 모든 수단을 사용하여 서로를 억압하고 상처를 주어 왔습니다. 많은 비참한 일도 일어났습니다. 그것은 여러 가지 문제가 생겨 많은 고통을 맛보게 하며 불신감을 쌓아 온 결과 많은 미움의 감정이나 대립이 생기고 말았다는 것을 의미합니다.

오늘날 세계는 점점 좁아지고 있습니다. 경제적 견지에서도, 또는 그 밖의 많은 시점에서 보아도 세계 각국이 서로 친밀함을 더하고 점점 서로 의존하려고 합니다. 이 때문에 국제 정상회담(summit)이 자주 이루어지고 있습니다. 거리가 먼 지역에서 생긴 문제라도 금방 지구 규모의 위기로 발전하기 때문입니다.

이러한 상황은 우리들을 분리시키는 다양한 문제를 기초로 하여 고려하는 것이 아니라, 인간적 수준에서 생각해야 할 때가 왔고 또 그러한 일이 필요하다는 사실을 나타내고 있습니다.

따라서 나는 한 사람의 인간으로서 여러분에게 이야기하고 있으며, 여러분도 "나는 한 사람의 인간이며 또 한 사람의 다른 인간의 이야기를 듣기 위해 이곳에 있다."라고 생각하며 경청해 주실 것을 간곡히 바랍니다.

누구라도 모두 행복하기를 바랍니다. 도시에 살든 지방에 살든 멀리 떨어진 지역에서도 사람들은 조급해하며 활동합니다. 이러한 활동의 본래 목적은 무엇일까요? 모두 행복을 잡으려고 하는 것입니다. 그것은 올바른 일이지만, 행복을 손에 넣으려면 올바른 방법을 따르지 않으면 안 됩니다. 사물의 겉모양만을 이해하면서 너무 깊이 들어가는 것은 커다란 문제를 해결할 수 없다는 것을 마음에 새겨

두지 않으면 안 됩니다.

우리들 누구라도 많은 위기나 걱정거리를 안고 있습니다. 고도로 발달된 과학 기술에 의해서 유익하고 필수 불가결한 물질적 진보는 높은 단계까지 도달해 있습니다. 그러나 외면적 진보를 우리들의 내면적 진보와 비교해 보면, 내면적 진보가 충분하지 않다는 것은 확실합니다. 많은 나라에서 위기적 국면-살인, 전쟁이나 테러리즘-이 끊이지 않고 있습니다. 도덕심이 상실되어 가고 범죄율이 높아지는 것을 모두가 한탄합니다. 외면적인 부문은 매우 수준이 높고 진보를 계속하고 있지만, 이것과 동시에 내면을 풍부하게 하는 노력도 역시 중요합니다.

옛날에는 전쟁이 일어나도 그 영향, 즉 피해에는 한계가 있었습니다. 그러나 오늘날에는 물질적 진보로 인해 전쟁이 일어날 경우에 예상되는 피해는 상상을 초월하게 됩니다. 작년, 나는 히로시마를 방문했습니다. 그곳에서 일어난 핵폭발에 대해서는 별로 지식이 없었습니다만, 실제로 그곳에 가서 내 눈으로 보고 당시 원폭의 피해를 입었던 사람들을 만나 보니, 들어서 알고 있었던 것과는 완전히 달라 비탄에 잠기고 말았습니다. 가공할 만한 무기가 사용되었던 것입니다. 우리들은 누군가를 적으로 생각해 버리고 마는 일이 있을지도 모르지만, 좀 더 깊은 차원에서 생각해 보면 적이라고 생각했던 사람도 역시 인간이기 때문에 행복을 바라고 행복해질 권리가 주어져 있습니다. 히로시마의 참극을 눈으로 보고, 그것에 대해서 생각해 보면, 화내거나 미워하는 것은 문제를 해결하는 길이 아니라는 생각이 더욱 분명해집니다.

화나는 일은 화냄에 의해서 극복되지 않습니다. 만약 다른 사람이 당신에게 화내고 당신이 맞서 화내는 것으로 대한다면, 최악의 결과가 되고 맙니다. 그것과는 반대로 당신이 화를 누르고 반대의 태도–상대를 동정하고 꾹 참고 관용한다–를 보이면, 당신 자신은 단지 온화하게 있을 뿐인데 상대방의 화도 서서히 누그러지는 것입니다.

세계가 안고 있는 문제도 마찬가지로 화냄과 미워함에 의해서 해결되지 않습니다. 동정·사랑과 참된 자비심을 가지고 그 문제들에 맞서지 않으면 안 됩니다.

지금의 세계에는 가공할 만한 무기가 존재하지만 무기 자체로는 전쟁을 시작할 수 없다는 사실을 생각해 볼 수 있습니다. 무기를 발사하는 버튼은 인간의 손에 맡겨져 있는 것으로, 그 손가락은 기계적으로 움직이는 것이 아니라 인간의 의지에 의해서 움직이는 것입니다. 그 책임은 우리들의 의지에 있는 것입니다.

이와 같은 것을 깊이 생각하면 그 청사진은 마음속에서, 즉 어떻게 행동할 것인가 결단하는 곳에서 발견됩니다. 따라서 우선 마음을 조절하는 것이 대단히 중요합니다. 여기서 마음을 조절한다는 것은 깊이 명상한다는 의미가 아니라, 화냄을 누르고 타인의 권리를 좀 더 존중하고, 타인의 일에 좀 더 신경을 쓰고, 타인도 나와 같은 인간이라는 것을 확실히 인식하려는 마음을 가꾸는 것입니다.

서양의 입장에서 동양을, 아니면 러시아를 생각해 보십시오. 자신의 형제자매로서 러시아를 생각하지 않으면 안 됩니다. 러시아 사람들은 당신과 같습니다. 러시아 사람도 서양 사람들에 대해서 형제자매와 같이 생각하지 않으면 안 됩니다. 이러한 태도를 가지고도 곧바로 문제 해결에 도달하지 못할지도 모르지만, 그러한 마음가짐을 기르고 내보일 필요가 있습니다.

우리들은 잡지나 텔레비전을 통해서 이러한 태도를 확장하려고 하지 않으면 안 됩니다. 오로지 돈을 벌기 위해서 광고를 하는 것이 아니라 뭔가 의미가 있는, 참으로 인류의 행복으로 향하는 길을 밝히기 위해 이들 매스컴을 이용할 줄 알아야 합니다. 돈만으로는 충분하지 않습니다. 돈도 필요하지만 실제로 돈은 인간을 위해서 있는 것입니다. 때로 우리는 타인(인간·생물)에 대해서 흥미를 잃고 오직 돈에 마음을 빼앗기는 경우가 있습니다. 이것은 현명한 일이 아닙니다.

결국에 우리들은 모두 행복을 바라고 있으며 분노가 있는 곳에 평화는 마침내 오지 않는다는 사실에 대해서 누구라도 동의합니다. 자비심과 사랑이 있으면 마음의 평화가 찾아옵니다. 누구도 좋아서 화내거나 불안한 기분이 되고 싶어하는 사람은 없지만, 무지해서 그와 같은 기분을 스스로 불러오고 마는 것입니다. 우울함 같은 좋지 않는 상태는 무지에서 일어나는 것이지 자연히 그렇게 되는 것은 아닙니다.

화를 냄으로 해서 우리는 인간의 최고의 자질 중 하나인 정의의 힘을 잃고 마는 것입니다. 우리는 다른 동물에는 없는 지식의 힘을 갖추고 있어, 그것에 의해 현재의 일뿐만 아니라 10년, 20년 또는 100년 후의 일에 관해서조차도 선악의 판단이 가능합니다. 사전지식이 없어도 우리들은 상식에 의해 선악을 판단할 수 있습니다. 이런 일을 하면 이렇게 된다는 것을 압니다. 그러나 일단 마음이 화냄으로 가득 차 버리면 이 정의의 힘을 잃어버리며, 그것은 매우 슬픈 결과로 이어지곤 합니다.

몸은 인간의 모습을 하고 있지만, 마음은 불완전합니다. 인간인 이상, 정의에 대한 관대한 마음을 보증하지 않으면 안 됩니다. 그러나 그것을 위해 보험에 드는 것은 불가능합니다. 그러한 보험회사는 우리 마음속-자기를 수양하고 자기를 인식하며 화냄의 무의미함과 자비의 플러스 효과에 대해서 실감하는 것-에 있습니다. 그것에 대해서 곰곰이 생각해 보면 그것은 확신할 수 있는 것이 되고, 자기인식에 의해서 마음을 다스릴 수 있습니다.

예를 들면, 지금 당신은 사소한 것에 바로 간단히 화를 내고 마는 사람일지도 모릅니다. 그렇지만 충분한 이해와 인식으로 이것을 다스릴 수 있습니다. 당신의 화가 보통 10분간 계속된다면 노력하여 8분으로 줄여 보십시오. 다음 주는 5분으로, 다음 달은 2분으로 줄이십시오. 그래서 화를 내지 않는 상태에까지 당신을 데려가십시오. 이렇게 마음을 단련하십시오.

이상이 내가 생각하고 있는 것이며 내가 실천하고 있는 것이기도 합니다. 누구나 모두 마음의 평화를 필요로 하고 있다는 것은 확실합니다. 그렇다면 어떻게 그것을 성취하면 좋을까요? 화냄에 의해서는 성취되지 않습니다. 자비와 사랑과 동정을 통해서만 개개인의 마음의 평화가 성취됩니다. 그 결과 평화스러운 가정-사회-세계가 만들어지는 것입니다.

부모도, 자녀도 행복해지고 부부 싸움도 적어져 이혼의 염려도 감소합니다. 국가의 차원까지 확대하면, 이러한 마음가짐에 의해서 협조·조화 그리고 절실한 동기에 의한 협력이 나오게 됩니다. 국제적 차원에서는 상호 신뢰하고 존중하는 일, 성의 있는 동기를 가지고 솔직하고 친밀하게 대화하는 것, 그리고 세계적 문제를 해결하기 위해 함께 노력하는 것이 필요합니다. 이들 모두가 실현 가능한 것입니다.

그러나 우선 먼저 우리들 자신이 변하지 않으면 안 됩니다. 한 나라의 지도자는 최선을 다해서 문제를 해결하려고 힘쓰지만, 하나의 문제가 해결되면 또 다른 문제가 생기고, 그것을 해결하려고 하면 또 다른 곳에서 다른 문제가 생겨납니다. 지금까지와는 다른 방법을 취할 때가 온 것입니다. 물론 마음의 평화를 위해서, 전 세계의 한 사람 한 사람이 그와 같은 마음을 갖는 것은 매우 어려운 일임은 분명하지만, 이렇게 하는 것 외에 다른 길이 없습니다. 좀 더 쉽고 실제적인 방법이 있다면, 그보다 더 좋은 일은 없겠지만 전혀 찾아볼 수 없습니다.

만약에 무기에 의해 진정한 평화가 계속된다면, 그것은 그것대로 좋습니다. 모든 공장을 무기공장으로 바꾸어 버리십시오. 모든 비용을 그것에 쓰십시오.ㅡ만약에 무기에 의해 확실히 평화가 지속된다면!

그러나 그것은 불가능합니다. 무기는 사용하지 않을 것이면서 준비해 둘 리가 없습니다. 한 번 무기가 개발되면 언젠가는 누군가가 그것을 사용합니다. 무기를 사용하지 않는다면 수백 억 달러가 허사가 되고 말기 때문에 어떻게 해서라도ㅡ시험 삼아 폭탄을 떨어뜨려서라도ㅡ사용해야만 한다고 생각하는 사람도 있을지 모릅니다. 그 결과 죄 없는 사람들이 죽고 맙니다.

따라서 내면을 바꾸는 것에 의해서 평화를 실현하려고 하는 것은 어려운 일이지만, 그것이야말로 세계 평화를 존속시키는 유일한 방법입니다. 내가 살아 있는 동안에 그것이 성취되지 않아도 좋습니다. 지금부터 앞으로 많은 사람들이 태어나 다음 세대 그리고 그 다음 세대로 가면서 우리가 진실을 외면하지만 않는다면 인간의 내면은 좋은 방향으로 변할 수 있습니다. 내면을 바꾸는 것은 실제로는 어려운 일이고 비현실적인 일 같지만, 그렇게 할 가치가 있다고 생각합니다. 따라서 나는 가는 곳마다 이것을 말하는 것입니다. 그리고 많은 사람들이, 특히 사회적 지위가 다른 사람들도 대개 흔쾌히 받아들이는 것에 나는 용기를 얻고 있습니다.

우리들 한 사람 한 사람이 모든 인간에 대해서 책임을 지고 있습니다. 타인을 친형제자매로 생각하고 그들의 고통을 덜어 주고, 그들이 행복해지는 것에 관심을 쏟아야 할 때가 왔습니다. 가령 당신 자신에게 이익이 되는 것을 모두 희생하지 않더라도, 타인의 일에 마음 쓰는 것을 잊어버려서는 안 됩니다. 모든 인류의 장래와 이익에 대해서 깊이 생각하지 않으면 안 됩니다.

그래서 스스로 우러나오는 감정-화냄 같은-을 다스리고 타인에 대한 자비심과 동정의 마음을 더욱 키우려고 노력하면, 결국은 자기 자신에게도 좋은 결과가 옵니다. 그렇기 때문에 '현명한 이기주의자' 인 사람이야말로 그렇게 해야 한다고 생각합니다. '어리석은 이기주의자' 인 사람은 항상 자신의 일만을 생각하기 때문에 결과는 자신에게도 해로움뿐입니다. 현명한 이기주의자인 사람은 타인의 일을 생각하고 가능한 한 타인을 도우려고 하기 때문에 결과적으로 그들이 베푼 것 이상의 은혜를 받는 것이 됩니다.

이상이 내가 믿는 순수한 종교입니다. 특정한 사찰에 매이는 일도, 어려운 철학을 끙끙대며 외우는 것도 아닙니다. 우리들 자신의 지혜와 마음이 모든 사찰이고 자비심이 철학입니다.

06__ 세계 종교 간의 협력

달라이라마

과거에는 마음이 편협하거나 그 밖의 원인에 의해서
종교 간에 분쟁이 생긴 일도 있습니다. 이러한 일을 반
복해서는 안 됩니다. 전 세계적 입장에서 종교의 가치
를 깊이 생각해 보면 우리는 쉽게 이러한 불행한 일을
초월할 수 있겠지요. 우리는 공존하며 살아가야 하는
기본적인 공통점이 많이 있습니다. 함께 손을 잡고 서
로를 도우며, 서로를 존중하며, 서로를 이해하여 인류
에 공헌하는 노력을 해 나갑시다. 인류 사회의 목적은
자비심을 가지고 사람들을 향상시켜 가는 것이어야 합
니다.

이전에 나는 스페인 바르셀로나 근처에 있는 수도원의 안쪽에 있는 암자에서 5년간 살았다고 하는 기독교의 수도사를 만난 적이 있습니다. 내가 그 수도원을 방문했을 때, 그는 나를 만나러 와 주었습니다. 그러나 그의 영어는 상냥하기는 하지만 잘한다고는 할 수 없어서 실제 내 영어보다 더 어눌했다고 생각됩니다. 그 덕분에 우리들은 많은 이야기를 할 수 없었습니다. 우리들은 주로 서로의 얼굴을 마주 쳐다보았습니다. 그런데 그 속에서 오히려 매우 행복한 체험으로 떨림 같은 것을 느낄 수 있었습니다.

이 경험은 기독교의 수행이 가져온 실제의 성과를 이해하는데 매우 도움이 되었습니다. 기독교의 체계·전통·철학은 불교와는 다른 것이지만, 기독교가 이러한 사람을 만들어 낸 것입니다. 내가

"당신은 5년이라고 하는 고독한 시간을 어떤 수행을 하면서 보냈습니까?"

하고 물으니, 그는,

"오로지 사랑에 대해서 생각하고 있습니다."

라는 대답을 해 주었습니다. 우리들 불교도와 같지 않습니까? 그러나 이것은 불교와 기독교의 모든 교의가 하나라는 의미는 아닙니다. 나는, 세계에는 다양한 전통과 그 속의 인간이 있기 때문에 다양한 교의가 있는 편이 좋다고 생각합니다.

질문 : 전통이 다른 것에 의해서 진리에 대한 설명이나 진리를 깨닫는 방법이 왜 이렇게도 달라지는지요?

달라이라마 : 나에게는 현세의 지침으로서 불교적 정신의 향상이 매우 유익합니다. 그러나 그렇다고 해서 모든 사람들이 불교를 따라야 한다고 생각하는 것은 아닙니다. 인간에게는 사실 다양한 마음의 성질이 있고, 불교에 잘 적응되지 않는 사람들도 있습니다. 다양한 종교가 존재하여 다양한 사람들의 요구에 응해야 합니다.*

오늘 여기에 다양한 종교의 신자가 한곳에 모일 수 있다는 것은 매우 기쁜 일입니다. 다양한 신앙이 있고 교의도 각각 다르며, 어떤 특정한 점에 대해서는 정반대의 입장을 취하는 종교도 있습니다. 불교도는 창조주를 인정하지 않지만, 기독교도는 이 창조주 이론을 교

---

* 1979년 미국에서 개최된 기독교 집회에서의 달라이라마의 강연에서.

의의 기초로 삼고 있습니다.

　이것은 크게 다른 점이지만, 나는 여러분의 신앙에 대해서 다만 정치적·의례적인 이유에서가 아니라, 마음으로부터 깊은 경의를 품고 있습니다. 이것은 몇 세기에 걸쳐서 기독교가 인류에 대해서 많은 공헌을 해 왔기 때문입니다.

　우리가 이렇게 한곳에 모여서 함께 기도할 때, 나는 뭔가를 느낄 수 있습니다. 이 뭔가를 표현할 정확한 말은 모릅니다. 때로는 여러분 기독교 교도는 이것을 축복·은총이라고 부를지도 모릅니다. 뭐라고 하든, 우리가 함께 느낄 수 있는 어떤 감정이 분명히 있습니다. 우리가 그것을 잘 이용한다면, 이 감정은 믿음을 강하게 하는 데 크게 도움이 되겠지요. 참된 우애를 쌓아 가는 데 있어서 이 감정 또는 이 분위기와 체험은 매우 유익할 것입니다. 그래서 나는 이러한 기독교 교회의 집회를 높이 평가하고 있는 것입니다.

　종교적 신앙에는 여러 가지가 있고 교의도 다르지만, 그 목적은 모두 상통합니다. 모든 종교에서 인류의 진보, 사랑, 타인을 존중하는 일, 타인의 고통을 나누어 갖는 일이 강조됩니다. 이러한 점에서 모든 종교가, 많든 적든 간에 같은 시점과 목적을 가졌다고 말할 수 있습니다. 전능한 신, 신을 향한 신앙, 신의 사랑을 강조하는 신앙은 신의 의미를 실현하는 것이 그 목적이 되겠지요. 이러한 종교에서는 우리 모두를 유일한 신의 창조물로 또는 신도로 간주하며, 서로를 소중히 하며, 서로 돕지 않으면 안 된다고 가르치고 있습니다. 신을 충실히 신앙하는 참된 목적은 신의 의미를 실천하는 것으로, 그 본질은 동포를 소중히 하고 존중하며 사랑하고 서로 돕는다고 하는 것이지요.

불교 이외의 종교의 본질적 목적도 불교와 같이 이러한 유익한 감정과 행동을 요구하는 것으로, 나는 이 점에서 철학적 해석은 달라도 그 중심이 되는 목적은 모두 같다고 생각합니다. 다양한 종교 시스템을 통해서 신자 모두는 동포인 인류, 즉 우리의 형제자매에게 도움이 되고 싶다는 마음을 가지며, 사회에 공헌하고 싶다는 생각을 실천하고 있습니다.

이것은 오랫동안 매우 많은 기독교 신자에 의해서도 실천되어 왔습니다. 많은 신자들이 인류를 위해서 자기의 목숨을 희생해 왔던 것입니다. 이것이 진정한 자비의 실천입니다. 우리 티베트 사람들이 곤란에 직면해 있을 때, 세계의 기독교 사회가 우리의 고통을 함께 하며 급히 구제의 손길을 펴 주기도 했습니다. 인종·문화·종교·철학이 다른 것을 넘어서, 그들은 우리를 동포로 여기고 도와주려고 온 것입니다. 이 일로 우리 티베트인들은 크게 기운을 차려서 사랑의 가치를 다시 인식할 수 있게 되었습니다.

모든 종교에서 강조하는 것은 자비의 마음과 사랑이라고 말합니다. 철학적 관점에서 보면 물론 그것과는 다른 점도 있지만 그렇다고 문제될 것은 없습니다. 철학적 교의는 목적이 아니며, 섬겨야 할 신조도 아닙니다. 종교의 목적은 타인을 구원하고 타인의 행복에 도움이 되는 것이며, 철학적 교의는 이러한 생각을 뒷받침하는 것일 때만 가치가 있습니다. 우리들이 철학상의 차이점에 대해서 논쟁하고 그것을 근거로 서로를 비판하는 것은 무익한 일입니다. 이러한 논쟁은 끝없이 계속되며 결국 우리는 서로를 초조하게 할 뿐 무엇도 내놓을 것이 없습니다. 이보다는 다양한 철학의 목적을 배우고 거기에 공통하는 것, 즉 사랑·동정 또는 보다 높은 존재에 대한 경의를 강조하는 일에 관심을 기울여야 합니다.

기본적으로 어떤 종교도 인류는 물질적 진보만으로 충분하다고 말하지 않습니다. 모든 종교가 물질적 진보를 초월한 힘을 믿고 있으며, 사회에 공헌하기 위해 노력하는 것이 매우 중요한 가치가 있다고 생각하는 점에서도 이론은 없을 것입니다.

그러한 생각을 실현하기 위해서는 서로 이해하는 것이 중요합니다. 과거에는 마음이 편협하거나 그 밖의 원인에 의해서 종교 간에 분쟁이 생긴 일도 있었습니다. 이러한 일을 반복해서는 안 됩니다. 전 세계적 입장에서 종교의 가치를 깊이 생각해 보면 우리는 쉽게 이런 불행한 일을 초월할 수 있겠지요. 우리는 공존하며 살아가야 하는 기본적인 공통점이 많이 있습니다. 함께 손을 잡고 서로를 도우며, 서로를 존중하며, 서로를 이해하여 인류에 공헌할 노력을 해 나갑시다. 인류 사회의 목적은 자비심을 가지고 사람들을 향상시켜 가는 것이어야 합니다.

질문 : 종교 지도자로서 예하께서 신앙하고 있는 불교에 귀의하도록 사람들에게 적극적으로 권유하고 싶으십니까? 아니면 불교에 관한 지식을 구하는 사람들이 있을 때에만 불교의 가르침을 설한다는 입장입니까?

달라이라마 : 중요한 질문입니다. 나는 다른 종교를 신앙하는 사람을 불교로 개종시키는 것에 흥미가 없습니다. 내 자신에게는 어떻게 해서 우리 불교도들이 사회에 공헌할 수 있을까 하는 것이 중요합니다. 다른 종교도 이러한 과제를 똑같이 생각하고 공통의 목적을 향해서 노력한다고 믿습니다. 어떤 시기에 각 종교들은 어떻게 공통의 목적 실현에 종사할 것인가는 생각하지 않고 단순히 논쟁을 벌이는 데 몰두하는 일도 있었습니다. 최근의 20년간 나는 인도에서 기회가 될 때마다 가톨릭·개신교를 망라한 기독교 수도사와 만났습니다. 마찬가지로 이슬람교나 유대교도, 나아가 인도의 많은 힌두교도도 만났습니다. 우리들은 함께 기도하고 함께 명상하며 철학적 견해에 대해서, 또 각각의 종교에 몰두하는 방법과 기법에 대해서 이야기를 나눴습니다. 나는 기독교의 수행에 깊은 관심을 가지고 있습니다. 우리들 불교도 기독교의 수행 체계를 배우고 몰두하는 것이 가능

하다고 생각합니다. 마찬가지로 불교의 이론 속에도 명상의 기법 등, 기독교 교회에서 배울 만한 것이 있을지 모릅니다. 부처님은 만족하는 것, 관용하는 것, 이기심을 버리고 타인에게 힘쓰는 것 등의 모범을 보이셨습니다. 예수 그리스도도 마찬가지입니다. 거의 모든 위대한 지도자들은 왕이나 황제처럼 사치스런 생활을 하지 않고 고독한 생활을 하였습니다. 그런 의미에서는 서민으로서 생활했다고 할 수 있습니다. 그들의 정신적 경지는 헤아릴 수 없는 것이지만, 물질적으로는 소박한 생활에 만족했던 것입니다.

질문 : 불교, 유대교, 기독교, 힌두교, 그 밖의 모든 종교를 통합하고 그 최고의 것을 모아 하나의 세계 종교를 만드는 것은 가능할까요?

달라이라마 : 새로운 세계 종교를 만드는 것은 매우 곤란하며 또 바람직한 일도 아닙니다. 그러나 사랑은 모든 종교에 불가결한 것이라고 하는 점에서 '사랑' 이라고 하는 세계적 종교를 말할 수는 있을지 모릅니다. 그러나 애정을 키우거나 구제나 궁극적 해방을 달성하기 위한 수단이나 방법에 대해서는 각 종교 간에 서로 다른 점도 있습니다. 따라서 나는 유일한 교의 또는 유일한 종교라고 하는 것을 만드는 것은 불가능하다고 생각합니다. 나아가 나는 신앙에 다양한 차이점이 있는 것은 오히려 유익한 것이라고 생각합니다. 다양한 표현 방법이 있기 때문에 풍부한 것입니다. 여러 가지 경향이나 성격을

가진 다양한 인간이 있기 때문에 그 편이 좋습니다. 또 모든 종교적 수행의 동기가 되는 것은 대체로 비슷한데 애정·성실·정직이 그것입니다. 실제로 성실히 신앙하는 사람은 모두 대체로 만족하며 산다는 점이 특징입니다. 관용·사랑·동정의 가르침은 모두 같습니다. 기본적인 목적은 인류의 이익에 도움이 되는 것입니다. 다만 각각의 시스템에 따라서 인류를 향상시키는 독자적인 방법을 시행할 뿐입니다. 만약 우리가 자기 자신의 철학·종교·이론을 너무 강조하고 고집하여 타인에게 그것을 강요하면 문제가 생깁니다. 기본적으로 부처님이나 그리스도나 마호메트 등 위대한 지도자는 모두 동포를 구제하려고 새로운 교의를 만든 것입니다. 그들은 자기 자신이 무엇인가를 얻으려고 생각한 것이 아니며, 세계에 싸움이나 불안을 일으키는 것은 그들의 뜻에 거슬리는 것입니다. 가장 중요한 것은 서로를 존중하고 우리 자신의 수행을 풍부하게 하는 것을 상대에게서 배우는 것이 아닐까요? 가령 모든 시스템이 모두 다른 것이라 할지라도 목적은 같은 것이기 때문에 서로의 종교를 배우는 것은 유익한 것입니다.

질문 : 동양의 종교와 서양의 문화를 비교할 때, 서양은 물질적이고 동양보다 깨달음으로부터 먼 곳에 있다고 말하기도 합니다. 이런 차이가 실제로 있다고 생각합니까?

달라이라마 : 음식에는 두 종류가 있습니다. 하나는 마음의 공복을 채우기 위한 것이며, 다른 하나는 육체적 공복을 채우기 위한 것입니다. 이런 두 가지, 즉 물질적 충족과 정신적 진보를 조화시키는 것이 가장 현실적이며 효과적입니다. 나는 많은 미국인, 특히 젊은 사람들은 물질적 진보만으로는 인생의 완전한 답이 되지 않는다고 하는 것을 이해하고 있다고 생각합니다. 지금 현재, 동양의 여러 나라들은 하나같이 서양의 기술을 받아들이려고 하고 있습니다. 티베트인 등의 동양인은, 나 자신을 포함해서, 물질적으로 진보하면 일종의 영구적인 행복을 손에 넣을 수 있다고 생각하여, 서양의 기술을 주시하고 있습니다. 그러나 유럽이나 북미에 가서 보면, 표면적인 풍요로움의 그늘에 아직 여러 가지 불행, 마음의 불안, 사회 불안 등이 존재하는 것을 알 수 있습니다. 이것은 물질적 진보만으로는 인류 문제의 완전한 해결책을 얻을 수 없음을 보여주는 것입니다.

07_ 논리, 과학, 정신적 가치

달라이라마

과학의 발달만 생각하고 정신적 향상에는 관심을 갖지 않는다면, 즉 인간적 가치라고 하는 감각을 잃어버린다면, 그것은 위험한 것입니다. 무엇보다도 과학의 진보 자체의 목적은 인류를 이롭게 하는 것입니다. 과학의 발달이 나쁜 방향으로 흘러 인류에게 고통과 비극을 가져다 준다면 이것은 불행한 일입니다. 마음의 발달과 물질적 진보는 함께해야 한다고 나는 생각합니다.

07_ 논리, 과학, 정신적 가치

부처님은 경전에서 다음과 같이 말씀하십니다.

승려나 학자는 나의 말을 충분히 분석하지 않으면 안 된다. 금을 녹이고 자르고 갈아 보는 것처럼 충분히 음미하고 그리고 이것을 받아들이라. 그러나 그것이 나를 숭배하기 때문이라서는 안 된다.

위의 부처님의 말씀은 불교의 경전 속에 쓰여져 있는 교의라고 하더라도, 논리적으로 타당성이 있는지 없는지는 자신이 검토하고 판단하지 않으면 안 된다는 것을 알려줍니다. 부처님 말씀(경전)을 논리적으로 검토해 보고 거기에 문제가 있다면, 그 구절을 그대로 긍정해서는 안 된다고 하는 것입니다.

어떤 사실이 과학적 연구에 의해서 분명하게 증명되었다고 합시다. 어떤 가설이 검증되고, 또는 어떤 사실이 과학적 연구의 결과로서 분명하게 되었다고 합시다. 그리고 이 사실이 불교 논리와 모순

된다고 합시다. 이럴 때, 과학적 연구 결과를 받아들이지 않으면 안 된다는 것은 의심할 여지가 없습니다.

일반적으로 불교적 입장은 항상 사실을 사실대로 받아들이지 않으면 안 된다는 것입니다. 단순한 추측으로는 논리실증주의의 기초가 충분치 않고, 이러한 추측이 가능하다고 해도 아무것도 되지 않습니다. 따라서 어떤 가설을 음미하고 100% 확실하다는 것을 알았을 때, 진솔하게 그 사실을 받아들이지 않으면 안 됩니다.

나는 이것이야말로 불교적 사고의 중핵이라고 생각합니다. 이것이 전체로서의 불교적 자세입니다. 불교도는 환생을 믿습니다. 그러나 여러 가지 연구를 거듭하여, 환생은 없다는 명확한 결론에 도달했다고 합시다. 이것이 명확히 입증되었다면, 우리는 이것을 받아들여야만 하며, 또 받아들일 생각입니다. 이것이 불교적 개념입니다. 이렇게 말하면, 과학적 방법이 불교의 방법보다 우수하다고 생각할지도 모릅니다. 그러나 물론, 우리는 과학적 방법에도 한계가 있다는 것을 압니다.

기본적으로 불교적 자세라는 것은 모든 점에서 사실과 합치하는 것이어야 합니다. 연구 결과 어떤 것에 대하여 논거와 증명이 갖추어지면 그것을 인정해야만 합니다.

이것이 인간의 추론의 힘을 뛰어넘은 사실은 존재하지 않는다는 의미는 아닙니다. 그것은 별개의 문제입니다. 그러나 가령 달이나 별의 크기나 위치라는 것은, 인간의 이성으로 이해할 수 있는 것입니다. 이럴 경우에는, 그것이 무엇이건 사실·현실을 받아들이는 것이 중요합니다.

불전에 나오는 말씀이나 어떤 특정한 기술 가운데에는 검증해 보면 사실과 합치되지 않는 것도 있습니다. 이런 경우에는 현실을 인정해야 하며, 경전의 설명을 문자 그대로 받아들여서는 안 됩니다. 이것이 기본적인 자세여야만 합니다. 나는 과학적 연구와 그 진보는 명상의 연구·진보와 함께해야 한다고 생각합니다. 이들 두 가지는 같은 대상을 다루는 것이기 때문입니다. 한쪽은 기구를 사용한 실증에 의해서, 또 한쪽은 내적 경험과 명상에 의해서 공부·연구하고 진보해 가는 것입니다. 과학에 의해서 아직 알지 못한 것과, 과학에 의해서 존재하지 않는다는 것을 아는 것을 명확히 구별하지 않으면 안 됩니다. 과학에 의해서 존재하지 않는다는 것을 알게 되었다면, 불교도는 이것을 존재하지 않는 것으로 인식하지 않으면 안 됩니다.

그러나 단지 과학에 의해서 아직 알지 못했다고 하는 것은, 이것과는 전혀 다른 것입니다. 우리들 주변에는 매우 많은 신비적인 것이 존재한다는 것은 분명합니다. 인간은 어느 단계까지는 지각하는 것이 가능합니다만, 오감으로 느끼는 것 이외에는 존재하지 않는다고 말하지는 않습니다. 조부모 시대에는 오감으로 지각하지 못했던 것도 지금 우리는 그것의 존재를 파악하려면 할 수 있습니다. 이와 마찬가지로 모양이나 색깔 등을 동반한 물리현상이나 오감으로 지각할 수 있는 것조차도 현재 시점에서 해명되지 않는 것도 매우 많습니다. 언젠가는 해명이 되겠지요.

지각할 수 없는 분야, 가령 의식에 관해서는 인간을 포함한 살아 있는 모든 것이 몇 세기 동안 그것을 경험하여 왔음에도 불구하고 '의식이라고 하는 것은 실제로 무엇일까, 그 기능이나 성격은 어떤 것일까'에 대해서는 아직 잘 모르고 있습니다. 모양이나 색깔이 없는 것에 대해서는 물리적 현상을 연구하는 것과 같은 방법으로 해명하는 것이 종교적인 방법을 통하는 것보다 더 어렵다는 것을 인정해야 합니다.

현대 물리학에서는 더 이상 가를 수 없는 소립자라는 존재가 인정됩니다. 눈으로 볼 수 있는 물리적 현상에서 출발해 이것을 분석하고 실험에 의해서 점점 세분화해 가면, 최종적으로 그것 이상 세분화할 수 없는, 즉 불가분의 본질적인 물질에 이른다고 할 수 있습니다. 세분화할 수 있는 한 부분으로 나누는 것이 가능하다고 말하고 그것 이상 분할할 수 없는 한계에 달했을 때, 그 물질은 불가분이라고 말합니다. 그런데 현대 물리학이 최근에야 개념화하고 있는 이 불가분성을 불교에서는 이미 수 천년 전에 말한 바 있습니다.

불가분성이라고 하는 불교의 개념 또는 논박은 실제로 실험에 근거한 것은 아닙니다. 이 문제에 관한 불교적 고찰에는 만물을 경험

주의적으로 분할하지는 않습니다. 대신에 고찰의 대상인 공간적 또는 차원적인 불가분의 가능성을 논리적으로 논하는 것입니다. 의식에 대해서는 공간적 불가분성이 아닌(의식은 비물리적인 것이며, 더욱이 공간적인 것이 아니기 때문에) 시간적 불가분성을 이야기 합니다.

따라서 불가분성을 논할 경우, 불교적 의미를 포함해 사용하는 '부분'이라는 것은 경험적으로 실험에 의해서 세분화되는 것이 아닙니다. 물질은 공간적 부분으로 나누어지고, 의식은 시간적 부분으로 나누어지는 것입니다.

질문 : 과학에서는 해명되지 않는 현상의 예를 들어 주십시오.
달라이라마 : 의식입니다. 이 순간순간에 우리는 많은 다른 단계의 의식, 즉 거친 의식과 미세한 의식을 가지고 있습니다. 미세한 단계의 의식은 물론, 거친 단계의 의식조차도 과학적인 방법으로 식별하고 해명하는 것은 어려운 일입니다.

질문 : 만일 마음이 뇌나 물리현상을 초월한 것이라면, 어째서 약이나 뇌에 대한 자극에 의해서 사고가 변화한다든지, 조종된다든지 하는 일이 있을까요?
달라이라마 : 의식이나 마음에는 여러 종류가 있습니다. 어떤 종류는 매우 긴밀하게 물리적 단계와 연결되어 있습니다. 예를 들면 우리들

의 눈의 의식은 물리적인 시각기관에 의존하고 있습니다. 따라서 눈에 이상이 생기면, 눈의 의식은 정상적으로 기능하지 못합니다. 눈이라는 기관을 빼 버리면 눈의 의식을 간직할 수 없게 되며, 이것이 눈의 의식을 방해하는 것입니다. 어쨌든 어떤 종류의 의식은 그때의 기관이나 뇌세포의 상태와 매우 밀접하게 관계합니다. 이러한 의식은 뇌수술이나 전기적 방법으로 조종할 수 있습니다. 그러나 미세한 단계의 마음은 몸으로부터 훨씬 독립해 있으며, 물리적 수단에 의해서 이러한 의식에 영향을 주는 것은 어려운 것입니다.

질문 : 우리 서양인은 인류를 위해 정신적 연구와 과학적 연구 양 방면을 함께 추구할 길을 찾지 않으면 안 된다고 생각합니다만….

달라이라마 : 과학의 발달만 생각하고 정신적 향상에는 관심을 갖지 않는다면, 즉 인간적 가치라는 감각을 잃어버린다면 그것은 위험한 것입니다. 무엇보다도 과학의 진보의 목적은 인류를 이롭게 하는 것입니다. 과학의 발달이 나쁜 방향으로 흘러 인류에게 고통과 비극을 가져다 준다면 이것은 불행한 일입니다. 마음의 발달과 물질적 진보는 함께해야 한다고 나는 생각합니다.

금세기, 인간의 지성은 중요한 과학적 발견에 의해 얻어진 새로운 지식에 의해서 크게 풍부해졌습니다. 그럴 때 다행스럽게도 새로운 흐름이 생겨난 것입니다. 과학적 교육을 받은 사람들이 정신적·윤리적 개념에 신선한 흥미를 갖기 시작했고, 보다 완전한 인생관·세계관을 얻기 위해 정신적 향상에 해로운 자신의 자세를 재검토하자는 움직임이 퍼지고 있습니다. 특히, 과학계에서 불교철학에 관심이 높아지고 있습니다. 나는 앞으로 수십 년 안에 물질·정신의 양면으로 우리의 세계관은 크게 변할 것이라고 기대하고 있습니다.

질문 : 불교는 마음에 관한 많은 지식이나 견해를 가지고 있습니다만, 서양에서는 그것들에 대해서 거의 해명되어 있지 않습니다. 서양 과학자의 다음 연구 대상이 될 분야는 마음이라고 생각합니까?

달라이라마 : 나는 서양의 과학이 여러 분야, 예를 들면 심리학·생물학·물리학 등을 보다 종합적인 시점에서 접근하는 방향으로 나아갈 것이라고 생각하고 있습니다. 이들 지금까지 연구가 거듭되어 온 분야는 서로 관련되어 있다고 하는 것에 주의합시다. 지금까지는 과학의 발달이 정신이나 마음의 발달과는 다른 것이라고, 반대 방향을 지향한다고 생각해 왔습니다. 그러나 21세기에 접어든 현재, 이러한 견해가 바뀌기 시작했습니다.

*

달라이라마를 잘 아는 사람에게, 그가 신경과학자의 회의에 참가한 것은 매우 놀라울 것이다. 1989년에 노벨평화상을 수상한 그는 오랫동안 과학, 특히 과학과 불교와의 접점에 깊은 관심을 나타냈다.

몇 해 전, 그는 캘리포니아주 뉴 포드비치에서 개최된 「마음과 생명」이라는 주제의 회의에 참가했다. 이 회의에는 하버드 대학 의학부 정신과 의사와 국립정신의학연구소의 소장인 루이스 L. 자드 씨 등 저명한 신경과학자가 참가했다. 기억 상실이나 기억에서 망상에 이르기까지 다양한 화제가 상정되었다. 발표는 서양 과학자가 했지만, 그들은 이 회의를 티베트인에게서 배울 기회로 여기고 있었다.

"티베트에는 마음에 대해서 매우 세련된 통찰을 포함한 오래된 이해 체계가 있는데 우리들도 배워야 할 것이 있다고 생각합니다." 라고 캘리포니아 대학 샌디에고 학교의 래리. R. 스카이 씨는 말했다. 2년 전, 티베트 망명정부가 있는 히말라야의 다람살라에서 최초의 회의가 개최되었다. 참가한 과학자들은 달라이라마와 함께 일주일을 보냈으며, 인공지능에서 분자생화학에 이르기까지 인지과학의 여러 문제에 대해서 이야기했다. 그가 노벨평화상을 수상한 것은, 여러 그룹 간의 다리 역할을 한 그의 능력 때문이었다. 신경과학자와의 회의에서 달라이라마는 다양한 견해들 간에 다리 놓는 역할뿐만 아니라, 이것을 종합하는 역할도 훌륭하게 수행하였다.

08_ 명상

달라이라마

짧은 명상을 매일 행하여 산만한 마음을 하나의 내적 대상에 끌어들이는 일이 가능해진다면 이것은 매우 유익합니다. 우리는 일상의 삶을 대체로 좋은 일, 나쁜 일 등 이것저것에 이끌리는 개념의 홍수 속에서 살아갑니다. 명상에 의해서 조금이라도 개념의 과잉에서 벗어나 휴식을 얻을 수 있게 됩니다.

08_ 명상

명상을 해 보았습니까?

우선, 자세에 주의하여 주십시오. 발은 편안히 하고 등골은 똑바로 펴십시오. 양손은 명상 자세의 위치, 즉 배꼽보다 손가락을 네 개 포갠 만큼의 아래쪽에 두고, 왼손을 밑에 오른손을 위에 두고 엄지손가락 끝을 맞잡아 삼각형을 만드십시오. 손의 위치는 단전(열이 발생되는 신체 내부)의 위치와 대응하고 있습니다. 턱을 조금 끌어당기고, 입은 자연스럽게 닫고, 혀끝을 윗니 앞쪽의 입천장에 붙입니다. 눈은 초점을 모으지 말고 아래쪽을 보는 것처럼 합니다. 코끝을 볼 필요는 없습니다. 눈앞의 책상을 보는 것이 자연스럽다면 그것도 괜찮습니다. 눈은 크게 뜬다든지, 꼭 감는다든지 하지 말고, 조금 뜬 상태로 합니다. 때로는 눈이 자연히 감기는 경우도 있습니다만 그래도 상관없습니다.

눈을 떠도 마음의 의식이 대상에 정해져 있다면 눈에 비치는 것이 방해가 되지는 않겠지요.

안경을 끼고 있는 사람은 안경을 벗으면 시계가 아련하기 때문에 마음이 산만해지지 않는 반면, 멍해지기 쉽습니다. 벽을 향해 있을 때와 그렇지 않을 때에도 차이가 있습니다. 벽을 향해 있으면 산만해진다든지 기가 흩어진다든지 하는 일이 적어집니다. 이러한 일은 당신 자신의 경험에서도 알 수 있습니다.

관상의 대상이 있는 명상에서는, 그 대상에 외적 대상과 내적 대상의 두 종류가 있습니다. 여기서는 마음 그것을 명상하는 것이 아니라, 마음의 바깥쪽에 있는 대상을 명상해 봅니다.

가령, 부처님이 괜찮다면 부처님의 몸을, 십자가라면 십자가를, 그 밖에도 당신이 좋아하는 상징이라면 뭐든 상관이 없기 때문에 그것을 대상으로 합니다. 그리고 그 대상을 당신의 1미터 정도 앞, 눈썹 높이에 상상해 보십시오. 이 대상은 높이 5센티미터 정도로 빛을 발하며 무게를 가지고 있습니다. 이 무게가 잡념을 잠재워 줍니다. 또 빛은 기가 흩어지는 것을 막아 줍니다. 집중할 때 두 가지 일을 마음에 떠올리는 것이 좋습니다. 우선 대상을 명료하게 하고 다음으로 대상을 안정시키는 것입니다.

무언가 마음에 떠올랐습니까? 눈앞에 있는 실제 물체에 번거로워 하진 않습니까? 이럴 경우에는 눈을 감아도 상관없지만, 눈을 감으면 감은 대로 빨간 물건이 보이거나 하진 않습니까? 눈을 감고 있을 때 빨간 것이 보이거나 뜨고 있을 때 보이는 것에 번거로워한다든지 하는 것은, 눈의 의식에 너무 붙잡혀 있기 때문입니다. 눈의 의식에서 주의를 돌리고 마음의 의식에 향하도록 하십시오.

관상 대상이 안정되지 않고 흔들리는 것은 흥분, 즉 주의가 산만한 것이 원인입니다. 이것을 멈추기 위해서는 마음을 좀 더 강하게 안쪽으로 향하게 하고, 사물을 파악하는 힘을 약하게 합니다. 마음을 안쪽으로 향하게 하는 것은 자신을 차분하게 하여 조금 슬픈 기분이 드는 것을 생각해도 좋습니다. 이렇게 생각하고 있으면, 대상을 파악하는 힘이 약해지고 긴장하고 있던 마음이 느슨해져 관상의 대상에 머무르는 것이 쉬워집니다.

대상이 안정되어 있는 것만으로 충분하지 않고, 좀 더 명확하지 않으면 안 됩니다. 이것을 방해하는 것은 기가 느슨해져 멍해지는 것입니다. 마음을 안쪽으로 너무 향하게 한다든지 가라앉아 버리면 멍해져 버립니다. 우선 마음이 멍해지고 나아가서는 무기력·무감각하게 되어서 관상의 대상을 잃어 버립니다. 이렇게 되면 어둠 속에 떨어져 가는 것과 같습니다. 이러한 상태가 되면 반대로 대상을 파악하는 힘을 강하게 하지 않으면 안 됩니다. 그렇게 하려면 무언가 좋아하는 일이나 즐거워지는 일을 생각한다든지, 높은 곳이나 전망이 좋은 장소로 가면 좋습니다. 이렇게 하면 대상을 파악하는 힘을 강하게 할 수 있습니다.

대상을 파악하는 힘이 너무 강하든지 너무 약하든지 할 때에는 이것을 인식하지 않으면 안 됩니다. 또, 경험을 통해서 이것을 조절하는 가장 좋은 방법을 알고 있을 필요도 있습니다.

마음에 떠오르는 대상은 주의 깊게 그대로 간직해야 합니다. 그리고 그것과 동시에 구석구석 대상이 명료하고 안정되어 있는가 아닌가를 검토해야만 합니다. 이것을 행하는 능력을 바른 지혜(正知 : 內省)라고 합니다. 항상 주의 깊은 상태로 있게 되면, 즉 마음에 새기는 것(憶念)이 얻어지면 바른 지혜가 생깁니다. 이 바른 지혜의 뛰어난 기능은 마음이 흥분하거나 기가 느슨해지는 징후가 있는지 없는지를 바로바로 검사한다는 점입니다. 마음에 새기는 것이나 바른 지혜를 충분히 발달시키면, 멍해진다든지 흥분한다든지 하기 전에 이것을 알아차리고 이러한 상태에 빠지는 것을 막을 수 있습니다.

이상으로 마음의 바깥쪽에 있는 대상을 활용해 명상하는 방법을 간단히 말했습니다.

또 하나의 명상법으로는 마음, 그것을 응시하는 것입니다. 과거에 일어난 일이나 장래 무엇을 할 것인가를 생각하지 않고, 일체의 개념적 사고가 생기지 않게 하여, 자신의 마음을 있는 그대로 살아 있는 상태에 놓아 두십시오. 당신의 의식은 어디에 있다고 생각하십니까? 의식은 눈에 있을까요? 그렇지 않으면 다른 어디에 있을까요? 우리는 대개 시각을 통해서 세계를 인식하기 때문에 의식이 눈과 연결되어 있다고 생각하는 사람이 많습니다.

이것은 오감을 통한 의식에 너무 의지하고 있기 때문입니다. 그러나 이것과는 별개로 마음의 의식이 존재하는 것을 확인할 필요가 있습니다. 가령 소리에 의해서 주의가 흩어질 때, 눈의 의식에 나타나는 것이 인식되지 않는 일도 있습니다. 이것은 마음의 의식이 눈의 의식이 포착한 것보다 귀의 의식에 의해서 들려오는 소리 쪽으로 보다 주의를 기울이는 것을 보여줍니다.

명상을 계속해 가면, 의식은 단지 빛과 앎이라는 존재로 파악되고 느껴지게 됩니다. 이러한 의식은 어떠한 것도 비춰 낼 수 있으며, 또 거꾸로 조건이 갖춰지면 의식 자신이 어떠한 이미지로도 나타날 수 있습니다. 마음은 개념이라는 바깥쪽의 환경과 만나지 않는 한, 투명한 물과 같이 아무것도 없는 빈 것(空) 그대로입니다. 이 실체는 단지 경험의 실체 그것입니다. 마음에 개념을 씌우지 말고 자유롭게 놓아 두십시오. 마음을 자연스런 상태로 해서 관상해 보십시오. 처음 익숙하지 않을 때는 꽤 어렵지만, 차츰 마음이 투명한 물처럼 되어 갑니다. 그렇게 되면 마음을 개념이 들어가지 않는 자연스런 상태로 유지할 수 있습니다. 이 마음의 본질을 이해할 때, 비로소 내적 명상의 대상을 정한 것이 됩니다.

이러한 명상을 실천하는 데 가장 적절한 것은 마음이 맑고 예리한 오전 중에, 그것도 조용한 장소에서 행하면 좋습니다. 또 전날 밤에 너무 많이 먹지 않고 너무 오랫동안 자지 않는 것도 중요합니다. 그러면 다음 날 아침, 마음이 가볍고 예민하게 됩니다. 차츰 마음이 안정되어 주의력과 기억이 선명해져 옵니다.

이 명상에 의해서 당신 마음이 하루 만에 이전보다 예민하게 된다면 어떻게 하겠습니까? 곧 느낄 수 있는 이점으로서 사고력이 안정됩니다. 나아가서는 기억력이 높아짐에 따라 어떤 특별한 인지력과 이해력이 향상됩니다. 이것은 주의 깊게 되었기 때문이죠. 그리고 마음이 예민하게 되었기 때문에 길게 보면 어떤 분야에서도 도움이 됩니다.

짧은 명상을 매일 행하여 산만한 마음을 하나의 내적 대상에 끌어들이는 일이 가능해진다면 이것은 매우 유익합니다. 우리는 일상의 삶을 대체로 좋은 일, 나쁜 일 등 이것저것에 이끌리는 개념의 홍수 속에서 살아갑니다. 명상에 의해서 조금이라도 개념의 과잉에서 벗어나 휴식을 얻을 수 있게 됩니다.

모든 현상의 궁극적 본질을 파악하는 것이 가능한 또 하나의 명상법이 있습니다. 이 종류의 명상에서는 분석적인 내성을 행합니다. 일반적으로 현상은 두 개의 형태로 나누어집니다. 즉 심적 요소의 집합과 물질적 요소의 집합, 바꾸어 말하면 자아에 의해서 쓰이는 현상과 현상을 쓰는 자아입니다.

이 '나'라는 자아의 성질을 판단하기 위해 실제로 예를 들어 보겠습니다. "철수가 온다"고 말할 때, '철수'라고 이름 붙여진 누군가가 있습니다. 이 '철수'란 이름은 그의 몸에 대해서 붙여진 것입니까? 그렇지 않습니다. 그렇다면 그의 마음에 대해서입니까? 그렇다면 '철수의 마음'이라고하지 "철수"라고 이름하지는 않겠지요. 마음과 몸은 그 사람에 의해서 사용되는 것입니다. 이때는 마치 마음과 몸에서 떨어져 나온 '내'가 존재하는 것처럼 작동하는 것입니다.

예를 들면, "아아, 나의 더럽혀진 몸이여!"라든지 "나의 더럽혀진 마음!"이라고 생각할 때, 본래의 느낌대로 한다면 마음 그것은 '내'가 아닌 것처럼 생각됩니다. 그렇다면 몸도 마음도 아닌 '철수'란 도대체 무엇일까요? 같은 일을 자기 자신, 자신이 '나'라고 느끼고 있는 것에 대해서도 적용시켜 봅시다. 마음과 몸이라고 하는 관점에서 보면, '나'는 도대체 어디에 있는 것일까요?

몸이 병이 들면, 몸은 '내'가 아님에도 불구하고, 몸의 병 때문에 '내'가 병이 났다고 하고 맙니다. 실제로 '나'의 행복과 만족을 위해 때로는 몸의 일부분을 떼어내서 생각하는 것조차도 필요하게 되었습니다. 몸은 '내'가 아닙니다만, 둘 사이에는 일정한 관계가 있습니다. 가령 몸의 고통은 '나'의 고통이 되며, 마찬가지로 눈의 의식이 무언가를 보고 있을 때, 마음에는 '내'가 지각한 것으로 나타납니다.

'나' 라는 자아의 본질은 도대체 무엇일까요? 당신에게는 어떻게 느껴집니까? 마음속에 만들어 내는 개념이 없을 때, 당신의 자아는 마음과 몸과는 다른 실체를 가지고 있는 것처럼 생각됩니까?

'나' 를 찾아보면 보입니까? 가령 누군가에게 "당신은 이것을 훔쳤다."라든지 "이것을 부쉈다"라는 꾸지람을 듣고, '나는 그런 일을 하지 않았다.' 고 생각한다고 합시다. 이때 '나' 라는 자아는 어떻게 보입니까? 실제로 있는 것처럼 보입니까? '나는 하지 않았다.' 라고 생각할 때, 마음에 무엇인가 실체가 있는 안정된 강력한 것이 나타나지 않습니까 ?

이럴 때 나타나는 언뜻 실체가 있는 것처럼 보이는, 다시 말해 스스로의 힘에 의해서 성립되어 있는 것처럼 보이는 '나' 라는 자아는, 실제로는 존재하지 않습니다. 이것이, '자아는 존재하지 않는다(無 我)' 라고 하는 것의 의미입니다. 분석이나 검토를 하지 않고 "나는 이런 것이 좋다."든가, "나는 이런 일을 하려고 한다."라고 말할 때 의 단순한 '나' 라는 의미에서는 존재할 수 있지만, 독립해서 자신의 힘으로 성립되는 '나' 라는 실체로서의 자아는 없습니다. 자아를 찾아내려고 분석할 때 알 수 있는 것은 자아는 존재하지 않는다는 것입니다.

이와 같이 "자아는 본질적 존재로서는 없다."는 것이야말로 궁극의 진리입니다. 분석을 행하지 않는 보통의 의식에 나타나는 '나'는 독립한 존재가 아닌 '나'이며, 보통의 행동이나 행동을 일으키는 원인 등의 기반이 되는 것으로, 이것은 일반적인 진실입니다. 그러나 '나'라는 자아의 실체나 상태를 분석해 보면, 얼른 생각하기로는 본질적으로 존재하는 것처럼 보이지만, 실제로는 그렇지 않고 환상 같은 것이라는 점은 분명합니다.

이렇게 해서 자아의 궁극적 본질, 즉 비어 있는 성질(空性)을 분석하는 것입니다. 자아가 이러한 성질을 가지고 있는 것과 같이, 자아를 통한 다른 모든 현상도 또 본질적 존재가 아닙니다. 현상을 분석해 보아도 그 존재는 찾아볼 수 없습니다. 그러나 분석이나 검토를 행하지 않으면 확실히 존재하는 것으로 보입니다. 즉, 현상의 본질은 자아의 본질과 같은 것입니다.

즐거움이나 아픔과 같이 자아도 세속적인 존재로서, 자비의 마음과 이타주의가 필요합니다. 또 모든 현상의 궁극적 본질이 고유 불변의 존재가 아니라는 것 때문에 지혜를 쌓는 것도 필요합니다. 이들 두 가지 측면, 즉 자비와 지혜가 함께 움직일 때 지혜는 보다 깊은 것이 되고, 두 개가 마치 하나인 것처럼 느껴집니다. 마음속에 비어 있는 성질의 의미를 계속 생각하면, 자비와 지혜가 다른 것으로는 보이지 않게 되고 동시에 마음도 보다 미세하게 됩니다. 마음이 더욱 미세하게 되고 가장 미세한 단계에 도달하면 최종적으로 가장 기본적인 마음, 근원적·본질적 마음인 선명한 빛으로 변합니다. 이렇게 명상을 하고 있으면, 마음은 비어 있는 성질을 바로 이해하고 비어 있는 성질과 한맛(모든 현상이 같은 본질을 가지고 있다는 것)으로 되어 섞여서 하나로 보입니다. 모든 것이 한맛, 즉 같은 본질을 가지고 있기 때문에 어떠한 물질이라도 마음에 비춰낼 수 있게 됩니다. 이것이 "모든 것은 한맛이고, 한맛은 모든 것 안에 있다."라는 말의 의미입니다.

티베트의 전통적인 명상의 형태를 몇 가지 소개했습니다. 물론, 진언 등 그 밖의 방법도 아직 많이 있습니다.

질문 : 왜 오전 중에 명상하는 것이 좋습니까?

달라이라마 : 주된 이유는 두 가지가 있습니다. 우선 육체적으로는, 익숙해진 다음의 이야기입니다만, 아침 이른 시간에는 모든 신경중추가 살아 있습니다. 또 시간적인 관점에서도 차이가 있습니다. 또한 잘 자고 난 날 아침은 기분이 상쾌해서 주의력도 예리해져 있습니다. 이것은 경험적으로도 알 수 있다고 생각합니다. 밤이 되면, 나는 어느 시점에서 더 이상 사물을 정확히 생각하는 것이 불가능한 상태가 됩니다. 그러나 자고 나서 아침 일찍 일어나면 전날 밤에는 생각이 정리되지 않았던 것이 자연히 확실해집니다. 마음의 힘은 아

침에 더욱 예리해지는 것입니다.

질문 : 명상을 방해하는 것을 극복하는 가장 좋은 방법을 가르쳐 주십시오.

달라이라마 : 명상을 방해하는 것에는 다섯 가지가 있다고 되어 있습니다. 첫 번째는 태만이고, 두 번째는 대상에 관한 정보를 잊어버리는 것, 즉 대상을 잊어버리고 마는 것입니다. 세 번째는 멍청하게 있는 것과 흥분하는 것, 네 번째는 이것에 대처하지 않는 것입니다. 마지막으로는 이러한 기분의 느슨함이나 흥분이 극복된 후에도 여전히 계속해 거기에 머물러 있는 것입니다. 이것을 다섯 가지 원인이라고 말하며, 이것을 극복하는 데는 여덟 가지의 방법이 있습니다. 태만에 대한 대처법으로는 우선, 명상을 통한 안정(삼매)의 중요성을 이성적으로 파악하는 신심이 있습니다. 삼매는 매우 중요한 것으로 삼매가 없이는 보다 높은 곳에 도달하는 것이 불가능합니다. 삼매의 뛰어난 본질을 확인하는 것에 의해서 이것을 얻고 싶다는 열의가 생겨납니다. 이것을 계속 노력하여 최종적으로 유연함을 얻는 것에 의해서 몸과 마음이 바람직하지 않은 상태에서 해방되어 힘 있는 선행을 행하게 됩니다. 이상의 네 가지가 첫 번째의 원인인 태만에 대한 대처법입니다. 명상은 처음부터 너무 오랫동안 행하지 않는 것이 좋습니다. 무리하지 마십시오. 길어도 15분 정도가 좋습니다. 중요한

것은 시간이 아니라 그 질입니다. 너무 오랫동안 계속하면, 잠이 오는 경우가 있으며, 이와 같은 상태에 익숙해지면 문제가 생겨납니다. 시간이 허비될 뿐만 아니라 나중에 고치기 어려운 습관이 생기고 맙니다. 따라서 처음에는 짧은 명상을 계속 반복하십시오. 하루에 8회나 16회라도 상관 없습니다. 명상의 과정에 익숙해짐에 따라 명상의 질도 높아지고, 명상 시간도 자연히 길어집니다. 오랫동안 명상했음에도 정말 짧은 시간이 흐른 것처럼 느껴진다면, 삼매의 질이 향상된, 즉 명상이 안정된 증거입니다. 반대로 명상한 시간은 실제로 짧았는데도 길게 느껴진다면 이것은 명상 시간을 줄이라는 신호입니다. 처음에는 이러한 것이 매우 중요합니다.

질문 : 노력에 대해 좀 더 가르쳐 주십시오. 매우 큰 노력이 필요합니까?

달라이라마 : 강한 의지를 만들기 위해서는 처음에는 노력이 매우 중요합니다. 우리는 모두 부처의 본질을 가지고 있으므로, 조건이 갖추어지면 모든 뛰어난 특질을 가진, 결점이 전혀 없는, 완전히 깨달은 존재가 될 것입니다. 우리의 인생에서 잘못의 근원은, "아, 나는 왜 이렇게 쓸모없고 힘없는 존재인가?" 라고 생각하는 것입니다. "나는 할 수 있다."고 생각하는 강한 정신력을 갖는 것이 중요합니다. 이때, 지나친 자신감이라든가 그 밖의 괴로움의 감정이 섞여서

는 안 됩니다. 무엇을 하려고 하든지, 오랜 시간 지속하는 부드러운 노력이 중요합니다. 처음부터 극단적으로 목숨을 걸고 무언가 하려고 하면 실패합니다. 의욕이 지나치면 곧 모든 것을 던져 버리게 됩니다. 적당한 노력을 계속하는 것이 필요합니다. 마찬가지로, 명상도 자주 짧은 시간의 명상을 꾸준히 반복함으로서 그 질이 향상되도록 하십시오. 시간이 긴 것보다는 질을 높이는 것이 중요합니다. 이와 같은 노력을 계속하면, 집중력을 높이기 위한 '실체'가 갖추어집니다. 집중이란, 잡다한 것에 기가 흩어지고 마는 마음을 어떤 방향으로 끌고 가는 것입니다. 산만한 마음에는 힘이 없습니다. 방향을 잡게 되면, 관상의 대상이 무엇이든 마음은 매우 강해집니다. 외과수술처럼 바깥에서 마음을 끌고 올 수 있는 방법이 없기 때문에, 강해지기 위해서는 마음을 내면으로 향하지 않으면 안 됩니다. 이러한 끌어옴은 주의력이 약한 깊은 수면 시에도 일어납니다. 따라서 여기에서 마음을 내면으로 끌어올 때에는 매우 예민한 주의력이 필요합니다. 결국 마음은 대상에 확실히 머물러 있으면 있을수록 안정되고 대상이 매우 명확해지기 때문에 주의력 깊은 예리한 긴장감을 가져야만 합니다.

질문 : 마음과 고통의 감정과는 어떤 관계가 있습니까?
달라이라마 : 마음의 실체, 즉 단순한 빛과 앎이라는 본질은 더러움에

오염되는 일이 없기 때문에, 더러움은 마음의 실체에 머물 수 없습니다. 우리가 괴로움의 감정을 느낄 때조차도 이 실체, 즉 마음의 본질은 역시 단순한 빛과 앎이며, 따라서 성냄의 감정을 제거하는 것이 가능합니다. 연못의 물을 휘저으면 물은 흙탕물이 되지만, 물 그 자체의 성질이 더럽혀지는 것은 아닙니다. 물이 다시 고요해지면 진흙은 가라앉고 물은 깨끗해집니다. 더러움은 어떻게 제거된 것일까요? 밖에서 무언가를 해도, 더러움을 그대로 놓아 두어도, 더러움이 없어지지는 않습니다. 명상의 힘으로 더러움을 제거합니다. 이것을 이해하기 위해서 성냄을 예로 들어 봅시다.

모든 성냄은 잘못된 개념적 사고에서 생겨나고 오염됩니다. 우리가 성내는 대상과 성냄의 주체인 자기 자신은 모두 실제로 존재하는 것처럼 보여, 이들 자신(대상과 주체)의 본성에 의해서 성립되는 것 같습니다. 둘 다 독립해서 확실히 존재하는 것처럼 보입니다. 그러나 앞에서도 말한 것처럼, 실제로 모든 것은 실질적으로는 존재하지 않습니다. 독립한 자기 존재는 없다는 것을 이해하는 것만으로도, 개념이 너무 구체화되어 성냄을 조장하고 마는 일이 적어집니다. 우리는 좋은 것이든 나쁜 것이든 모든 것의 실제의 모습을 넘어선 것을 그려 내고 맙니다. 그 증거로, 기뻐하거나 성내고 있을 때에는 그 대상을 극단적으로 좋게 또는 나쁘게 생각하고 맙니다. 나중에 생각해 보면, 이상할 정도로 실제와는 다른 시각을 가지고 있었던 것을 알아차립니다. 이러한 고통스러운 상황은 아무런 도움도 되지 않습니다. 대상이 독자적으로 성립하고 있는 존재인가를 분석해 보면 독립한 그 자신의 본질을 없다는 것이 이론적으로 확인되므로, 이러한 이해가 올바른 기초입니다. 법정 쟁론 등에서는 한쪽이 논리와 진실에 근거하고 있음에 반해, 다른 한쪽이 그렇지 않은 경우가 있습니다. 이것이 확실하다면, 이러한 논쟁에서는 분석에 버티어 내는 올바른 견해가 결국은 다른 쪽을 이기게 됩니다. 마음이 하나의 대상을 모순된 방법으로 파악하는 것은 불가능합니다. 따라서 어떤 대상에 관해서 그 자신의 고유한 성질은 없다고 하는 사고에 익숙해지면, 고유한 성질이라는 개념을 만들어 내는 것이 불가능하게 되고, 더욱이 올바른 이해를 진행할수록 상대편에 있는 개념의 힘이 약해지는 것입니다. 우리 마음은 그다지 힘이 강한 것은 아니기 때문에, 이러한 지혜를 만들어 내기 위해 명상을 행하는 것입니다. 우리 마음은 지금 산만한 상태입니다. 수력발전소의 물이 거대한 힘을 만들어 내도록 하는 것과 같이, 마음의 에너지도 방향을 잡아주지 않으면 안 됩니다. 그러기 위해서는, 명상을 통해서 지혜가 생겨날 정도로 힘이 강해지도록 마음을 이끌어야 합니다. 모든 깨달음의 실체는 우리 자신 속에 있으므로, 어딘가 다른 곳에서 깨달음의 경지를 찾아서는 안 됩니다.

질문 : '공' 이라는 것은 가득차 있다는 것과 같은 의미입니까?

달라이라마 : 그렇게 생각합니다. 나는 '공' 이란 제로(zero)와 같다고 설명합니다. 제로 자신은 아무것도 없는 것이지만, 제로가 없으면 수를 헤아릴 수 없습니다. 제로는 무언가 있음과 동시에 아무것도 없다고도 말할 수 있는 것입니다.

질문 : 만다라의 본질에 대해서 말씀해 주십시오.

달라이라마 : 일반적으로 '만다라' 는 본질을 나타낸다는 의미입니다. 이러한 의미에서 '만다라' 라는 말은 여러 가지로 사용됩니다. 그 가운데 하나가 크고 작은 대륙을 정신적으로 구축한 세계인 하늘 세계(天界)에 대한 공양이라는 의미입니다. 또 그림으로 그린 만다라, 삼매의 만다라, 채색된 모래 만다라, 세속의 보리심 만다라, 출세간(勝義)의 보리심 만다라 등 다양한 만다라가 있습니다. 이것을 그려내는 것에 따라 여러 가지 의미를 찾을 수 있기 때문에, 모두 만다라라고 부릅니다. 이들 그림의 제작물을 만다라라고 부릅니다만, 주된 의미는 그 사람이 만다라의 세계에 들어가 축복을 받는다는 의미가 본질입니다. 만다라는 훌륭한 것을 얻을 수 있는 장소이기 때문입니다. 축복을 받고, 그 결과 정신적 이해가 깊어지기 때문에 만다라는 본질적인 것을 찾아내는, 즉 이해하는 것이라고 말합니다.

질문 : 정신적인 스승을 찾으려면 어떻게 하면 좋을까요? 또 그 스승이 신뢰할 수 있는지 아닌지를 어떻게 하면 알 수 있을까요?

달라이라마 : 당신의 흥미와 성격에 따라 선택할 수 있습니다만, 잘 분석해 보십시오. 그 사람을 스승으로서 받아들이기 전에, 그 사람이 정말로 자격이 있는지 아닌지를 잘 검토해야만 합니다. 경험에 의하면, 수면의 파문에 의해서 물 속에 고기가 숨어 있는 것을 알 수 있듯이, 스승의 자질은 자연히 그의 행동을 통해서 나타나는 것입니다. 그 사람의 학문적 자질, 즉 논제를 해설하는 능력, 더욱이 그의 가르침을 자신의 행동이나 경험에 활용하고 있는가 아닌가를 검토해 볼 필요가 있습니다.

09_ 서양 불교도에게 보내는 글

달라이라마

가장 중요한 것은 나날의 수행을 실천하는 것입니다. 그렇게 하면 종교의 참 모습을 서서히 이해하게 됩니다. 교의는 단순히 지식으로서 있는 것이 아니라, 마음의 자질을 높이기 위한 것입니다. 그렇게 하기 위해서는 교의를 생활의 일부로 삼지 않으면 안 됩니다. 종교의 교의를 건물 안에 집어넣고 수행과 분리시킨다면, 그 참된 가치를 얻을 수 없습니다.

09_ 서양 불교도에게 보내는 글

오늘 이렇게 여러분을 만나게 된 것도 우리들이 모두 각자 좀 더 깊은 인생의 의미를 찾고 있기 때문이라고 생각합니다. 요즘 며칠간 나는 몇 번이나 물질적인 진보와 더불어 정신적 진보도 중요하며 유익하다고 말하였습니다. 강한 정신을 가진 사람은 문제에 직면했을 때, 이것에 대항할 준비가 되어 있는 것을 여러분도 아시겠지요. 티베트나 내 자신의 경험에 한정해서 말하자면, 이것은 진실이라고 생각합니다.

만약 누군가가 내 입장에 있으면서 이러한 계속된 복잡한 상황 속에 큰 책임을 지고 있다면, 정신적으로 지치고 말지도 모르겠습니다. 그러나 내 얼굴을 보아도 알 수 있듯이 나는 그다지 번민하지는 않습니다. 물론, 우리 티베트인들은 현재의 우리 상황이 매우 곤란하며, 비극적이라고 인식하고 있습니다. 그러나 우리는 그것을 사실로서 받아들이고, 그 바탕 위에서 가능한 한의 노력을 하고 있습니다. 내면적인 힘이 거기에 도움이 되고 있다는 것은 의심의 여지가

없습니다. 문제에 대항하고 이것을 해결하려는 자세에 정신적인 힘
이 커다란 영향을 주고 있는 것입니다.

　인간은 모두 많든 적든 같은 본질을 가지고 있으며 종교, 여기서
는 불교입니다만, 그것을 실천하는 것은 그 사람의 인생에서 뭔가
의미 깊은 유익한 것이 있기 때문입니다. 이것은 그 실천이 반드시
좋은 환생을 가져다 준다는 것은 아닙니다. 동포에 대해서 바른 태
도로 임하면, 내세가 아니더라도, 되돌아보면 그 행위를 한 자신에
게 커다란 만족을 가져다주겠지요. 그 본질은 좋은 동기와 자비의
마음입니다. 자비의 마음은 주로 대승불교의 경전 가운데 설명되어
있습니다만, 불교사상의 기본이 되는 것은 이 자비의 마음입니다.

　불교의 가르침은 다음 두 개의 글에 모두 나타나 있습니다. 하나
는, "다른 사람을 돕지 않으면 안 된다."는 것으로, 이 글에는 대승불
교의 가르침이 모두 포함되어 있습니다. 또 하나는, "돕는 것이 불가
능하다면 다른 사람에게 피해를 주지 말라."는 것으로, 이것은 상좌
불교 가르침의 전부입니다. 이것은 불교 윤리의 기본을 나타내고 있
습니다. 이 두 개의 가르침은 사랑과 자비심의 사상에 근거하고 있
습니다. 불교도는 가능한 한 다른 사람을 돕지 않으면 안 됩니다. 그
것이 불가능할 때라면 적어도 다른 사람에게 피해를 주는 일은 해서
는 안 됩니다.

　불교를 실천함에 있어 그 기본은 가능한 한 다른 사람에게 피해를

주는 행위는 하지 않도록 자기 자신을 조절하는 것입니다. 이것은 소극적인 실천입니다. 그다음에, 어느 정도 자질이 갖추어지면 적극적 목표로써 다른 사람을 돕지 않으면 안 됩니다. 최초의 단계에서 자기 자신의 내면적 발달을 추구하는 한편, 경우에 따라서는 사회에서 거리를 두는 것이 필요할 경우도 있습니다. 그러나 어느 정도 자기 조절 능력이 몸에 배면 사회와 항상 접촉하고, 의료·교육·정치 등 다양한 분야에서 사회에 공헌하지 않으면 안 됩니다.

세상에는 종교심이 두텁다고 말하면서 기묘한 옷을 입고 이상한 방법으로 생활하며, 일반 사회에서 고립되는 것으로 자신들의 종교심을 나타내려는 사람들이 있습니다만, 이것은 틀린 것입니다. 마음의 정화(훈련)에 관한 경전에 "마음을 보는 방법을 바꾸어라. 그러나 겉으로는 그대로 놓아 두어라."라는 한 구절이 있습니다. 이것은 중요한 것입니다.

대승불교의 실천 목적은 참으로 다른 사람에게 봉사하는 것이므로, 사회에서 고립되어서는 안 됩니다. 사회에 봉사하고 다른 사람을 돕기 위해서는 사회에 머무르지 않으면 안 됩니다. 이것이 첫 번째 포인트입니다.

두 번째는 특히 불교에서는 가르침을 실천할 때, 마음과 마찬가지로 머리도 사용하지 않으면 안 됩니다. 또 불교는 논증과 논리, 즉 지혜의 측면과의 관계가 깊기 때문에 지성도 중시되고 있습니다. 이러한 지성과 마음의 두 가지를 사용할 필요가 있습니다. 지식이 없으면, 또 지성을 완전히 활용하지 않으면 불교의 교의를 깊이 이해하는 것이 불가능합니다. 불교를 깊이 이해할 만큼 충분한 지혜를 얻는 것은 매우 어려운 것입니다. 예외가 있기도 합니다만, 이것이 일반적인 원칙입니다.

가르침을 듣는 것, 가르치는 것, 명상하는 것을 하나로서 행하지 않으면 안 됩니다. 가르침을 들을 때에는 듣는 것에 마음을 두고 익숙해지는 것이 중요합니다. 종교를 배우는 것은 역사를 배우는 것과는 다릅니다. 가르침을 마음의 연속체(윤회를 반복하는 의식)와 하나로 만들어, 마음이 가르침으로 충만하게 하지 않으면 안 됩니다. 어느 경전에 다음과 같은 구절이 있습니다.

"불교의 실천은 거울과 같은 것이다. 당신의 몸의 움직임, 언어, 그리고 마음은 이 거울에 비치는 얼굴과 같은 것이다. 실천을 통해서 자신의 결점을 인식하고 조금씩 제거해 나가야 한다."

또 전해오는 말에

"당신 자신과 실천 사이에 누군가가 빠져나갈 정도의 거리가 있다면 실천을 올바르게 하고 있다고는 말할 수 없다."

하는 것도 있습니다.

이런 경우 교의의 실천은 오락의 대상과 같은 것이 되고 맙니다. 그렇게 되면 논쟁의 대상이 되어 버리며, 논쟁의 결과로 싸움이 일어나는 일조차 있을 수 있습니다. 이래서는 완전한 종교의 목적에서 일탈하고 맙니다.

실천에 대해서 배우는 동안에도 이것을 자기 자신의 행동에 반영하지 않으면 안 됩니다. 어떤 가담파 학승이 있었습니다. 그는 계율에 관한 경전을 읽고 있었는데, 그러던 중에 동물의 모피를 깔고 그 위에 앉는 것은 적당치 않다고 하는 구절이 있었습니다. 그는 곰의 모피 위에 앉아서 경전을 읽고 있었으므로, 바로 몸 아래에서 이것을 끄집어 내었습니다. 그리고 다시 읽어 나가자 이번에는 추운 날이나 병이 들었을 때는 허락한다고 쓰여 있었습니다. 거기서 그는 주의 깊게 모피를 처음의 장소에 다시 깔았다고 합니다. 배우고 있는 것을 바로 실천하는 이것이 올바른 실천법입니다.

종교 일반에 대해서도, 또는 불교에 한해서도 마찬가지입니다만, 이것을 학문적 연구 대상으로서 배우려고 한다면 이야기는 처음부터 완전히 틀려집니다. 그 동기는 단순히 학문의 한 분야로서의 지식을 얻고 싶다는 욕구입니다. 그러나 불교도로서 이것을 실천하려고 하는 우리는, 가르침을 배우는 동안에도 그 가르침을 실천하려고 노력하지 않으면 안 됩니다. 그것으로 가르침의 참된 가치를 체험할 수 있게 됩니다.

세 번째 포인트는 처음부터 지나치게 기대해서는 안 된다는 것입니다. 우리는 컴퓨터와 오토메이션의 시대를 살고 있기 때문에 내면적 진보도 버튼만 누르면 자동적으로 이루어져 모든 것이 변한다고 생각하는 경향이 있습니다.

그러나 그렇지는 않습니다. 정신적인 향상은 그렇게 간단한 것이 아니며 시간도 걸립니다. 외면적·물질적 진보라고 해도, 가령 우주 비행 기술 등은 단기간 동안에 지금의 수준에 도달한 것이 아니라 몇 세기에 걸쳐서 앞의 세대가 달성한 것을 다음 세대가 계승하여 이것을 기초로 더욱 진보시키는 것을 반복한 결과입니다. 그러나 마음의 향상은 세대에서 세대로 계승하는 것이 불가능하기 때문에, 내면적 진보는 더욱 곤란합니다. 당신의 과거 생에서의 경험이 금생에 깊이 영향을 주고, 금생의 경험이 내세의 진보의 기초가 됩니다만, 정신적인 진보를 한 사람에게서 다른 사람으로 건네주는 것은 불가능합니다. 이와 같이, 모든 것은 당신 자신과 관련되어 있기 때문에 따라서 시간도 걸리게 됩니다.

처음에는 대단한 열의를 가지고 교의를 실천하다가도, 수 년 후에는 완전히 잊어 버리고 마는, 나중에는 그 흔적도 남아 있지 않다고 하는 서양인을 몇 사람인가 보았습니다. 이것은 그들이 처음에 너무 많은 것을 기대했기 때문입니다. 산티 데바는 『입보리행론』에서 인내하는 수행의 중요성을 강조하고 있습니다. 그 인내라는 것은 적을 대할 때의 자세일 뿐만 아니라 희생적 태도, 결연한 태도일 때도 있어서 인내하면 의욕을 상실하고 게을러지고 마는 일이 없습니다. 인

내의 수행은 강한 결의를 가지고 행해야 합니다. 이것은 매우 중요한 것입니다.

나 자신의 예를 들어서 설명해 봅시다. 나는 국민의 대부분이 불교도인 나라 티베트—물론 티베트에도 기독교도나 이슬람교도, 게다가 고대부터 티베트의 종교인 본교(Bon敎)의 신자도 많이 있습니다만—이런 불교국의 불교도 집안에서 태어났습니다. 나는 모국어로 불교를 배우고, 어려서부터 이미 승려였습니다. 때문에 불교의 교의를 실천한다는 관점에서는 여러분보다 나은 환경에 있었다고 생각합니다.

나는 15세부터 16세 사이에 교의의 실천에 대해서 비상한 열의를 가지기 시작해, 이때부터 실천을 계속해서 지금 44세가 되었습니다. 이 세월을 되돌아보면, 2~3년이라고 하는 단위로는 진보의 흔적을 인정할 수 있지만, 몇 주간으로는 보일 만한 변화는 거의 없습니다. 노력을 중단하지 않고 실천하려고 하는 결의가 매우 중요합니다.

내면의 진보는 한 걸음 한 걸음 나아가는 것입니다. 당신이 "지금의 내 마음은 별로 냉정하지 않고, 평온하지도 않다."라고 생각해도 5년, 10년 또는 15년 전의 자신을 생각해 보면서 "그때의 나는 어떻게 생각하고 있었을까? 마음은 평온했을까? 지금은 어떠할까?"라고 그 당시와 지금을 비교해서 조금이라도 진보해 있다면, 뭔가 가치가 느껴지는 것을 알 수 있습니다. 이렇게 긴 안목으로 보아 비교해야 하며, 지금의 자신을 어제, 지난주, 또는 지난달의 자신과 비교해서는 안 됩니다.

작년의 자신과 비교하는 것조차 의미가 없습니다. 의미 있는 변화를 관찰하려면 대략 5년 전과 비교해 보는 것이 좋겠습니다. 그렇게 하면, 마음속에 일어난 변화가 어떠한 것인가를 알게 됩니다.

그러나 그러한 오랜 기간이 지난 후에야 관찰되는 내면의 진보도 하루하루의 실천 속에서 일관되게 노력을 계속하는 것에 의해서 달성되는 것입니다.

동양에 기원을 둔 고대의 가르침인 불교가 서양인에게도 적당한지 아닌지를 묻는 분이 있습니다. "모든 종교의 진수는 인간의 기본적인 문제를 다루고 있다."는 것이 내 대답입니다. 서양인·동양인, 백인·흑인·황인종, 인디언 등 국적이나 민족·인종에 관계 없이 인류는 모두 하나같이 생로병사라고 하는 괴로움을 안고 있습니다. 이들 근본적인 괴로움이 있는 한, 불교의 본질적인 가르침은 그 괴로움에 관한 것이므로 서양인에게 적합한가 아닌가 하는 질문에 대한 답은 명약관화합니다.

그러나 개개인의 기질에 관해서는 고려하지 않으면 안 됩니다. 어떤 사람에게 이쪽 종교가 맞지 않는 경우가 있다면 경우에 따라서는 다른 종교가 맞는 경우도 있습니다. 환경에 따라서 인간사회에 다양한 가르침이 존재하는 것은 필요하며, 유익한 것입니다. 서양인 가운데서도 불교가 자신의 요구에 맞는 종교라고 생각하는 사람들이 있는 것도 사실입니다.

불교의 진수에 대해서 말하면 그 가르침이 인간에게 적합한 것이므로, 그 근본 교의를 바꿀 필요가 없다는 것에는 의심의 여지가 없습니다. 그러나 표면적 차원에서의 변경은 가능합니다. 나는 최근 유럽에서 상좌불교의 어떤 미얀마 승려를 만나서, 그에게 깊은 경외심을 갖게 되었습니다. 이 미얀마 승려는 문화적 유산과 종교 그 자체를 구별해서 생각하고 있었습니다. 나는 이것을 종교의 진수와 표면적 의식, 또는 공양법의 단계의 차이라고 부릅니다. 인도 · 티베트 · 중국이나 일본 등의 지역에 있어서도 불교의 종교적 측면은 같지만, 문화적 유산은 나라마다 다릅니다. 따라서 인도 불교는 인도 문화와 하나가 되고, 티베트 불교는 티베트 문화와 하나가 되어 있으며, 다른 나라의 불교도 이와 같습니다. 이 관점에서 보면 불교에 서양 문화가 들어오는 것도 가능하다고 할 수 있습니다.

불교의 가르침의 진수는 변화하는 것이 아닙니다. 어느 땅에도 적합한 것입니다. 그러나 불교의 표면적 부분, 즉 공양법이나 의식 등은 반드시 원형 그대로가 새로운 환경에 적합하지는 않으며, 변화해 가는 것입니다. 특정한 장소에서 어떻게 변화해 가는가에 대해서는 예측할 수 없습니다. 시간에 따라, 조금씩 변화해 가는 것입니다. 불교가 처음에 인도에서 티베트에 전래될 때, "불교가 이 땅에 전래되었다. 지금부터 불교를 이렇게 실천하지 않으면 안 된다."고 말할 수 있는 사람은 아무도 없었습니다. 그렇게 결단을 내리는 사람도 없었습니다. 불교가 차츰 변화하자, 그에 따라 전통이 생겨났습니다.

　서양의 경우에도 마찬가지라고 할 수 있습니다. 더디기는 합니다만, 언젠가는 불교가 서양의 문화에 섞이게 되겠지요. 어쨌든, 새로운 나라에 불교라는 새로운 생각의 틀을 채용한 여러분 세대는 불교의 진수를 꺼내어 자신의 환경에 맞춰 가야 하는 커다란 책임을 가지고 있는 것입니다.

　이것에 대해서 우리는 머리를 써서 음미하지 않으면 안 됩니다. 극단적인 방향으로 나아가서는 안 됩니다. 너무 보수적이어서도, 너무 급진적이어서도 좋지 않습니다. 불교의 중도(中道) 이론에 있는 것처럼, 중도의 길을 걸어가야 합니다. 어떠한 분야에 있어서도 중도여야 한다는 것은 매우 중요한 일입니다. 매일의 식사조차도 중도를 지켜야 합니다. 과식도 좋지 않지만 너무 적은 것도 충분하지 않습니다. 나날의 생활, 즉 생활 전반에 걸쳐서 중도를 유지하는 것이 중요합니다. 자신이 극단적인 일을 하고 있지는 않는지, 혹은 극단적인 방식으로 일하고 있지 않는지 점검해 보십시오. 우리가 가지고 있는 이 두뇌는 환경과 문화적 유산에 관한 충분한 지식, 즉 일상생활에 무엇이 도움이 되는지, 그리고 문화적 유산의 일부지만 일상생활에 별로 유익하지 않는 것은 무엇인지에 답할 수 있는 지식을 갖추지 않으면 안 됩니다.

티베트 문화를 예로 들면, 과거의 어떤 전통이 장래에도 반드시 유익하다고는 할 수 없습니다. 새로운 환경 아래서 사회구조와 사회통념이 변화하면, 문화의 어떤 측면은 필요없는 것이 되고 맙니다. 이와 마찬가지로 미국이나 캐나다의 오랜 문화 가운데도 현대사회에는 필요없게 된 측면이 있다면 그것을 개혁해야 합니다. 반대로 지금도 오히려 유익한 면에 대해서는 간직하고 드러내지 않으면 안 됩니다. 그리고 그 문화와 불교를 융합시키려고 노력해야 합니다.

만일 정말로 불교에 관심이 있다면 가장 중요한 것은 실천, 즉 수행하는 것입니다. 불교를 배워서 그것을 다른 사람의 이데올로기를 비판하는 무기로 사용하는 것은 잘못된 행태입니다. 종교의 목적은 참으로 자기를 억제하는 것이며, 다른 사람을 비판하는 것이 아닙니다. 오히려 자기 자신을 비판해야만 합니다. 자신의 성냄에는 어떻게 대처해야 하는가? 집착, 증오, 교만, 질투에는 어떻게 대처해야 하는가? 이렇게 불교의 가르침에 근거해서 자신의 일상을 점검하십시오. 아시겠지요?

불교도로서 가르침을 실천해 가면서 그리스도교나 유대교 등의 다른 종교도 존중하는 것이 중요합니다. 이들 종교가 과거 몇 세기에 걸쳐서 인류 사회에 공헌해 왔던 것을 인식해서 모두 칭찬하고, 이번에는 우리도 같은 노력을 거듭해서 인류에 봉사하지 않으면 안 되기 때문입니다. 새로 불교도가 되신 분들은, 다른 종교에 대해 바른 태도를 갖는 것이 특히 중요하다는 것을 마음에 새겨 두시기 바랍니다.

또 불교 가운데도 여러 종파가 있으며 다양한 수행법이 있습니다만, 자신의 가르침은 올바르고 다른 가르침은 틀리다고 생각하면 안 됩니다. 분파적 감정을 갖거나, 다른 가르침이나 종파를 비판하는 것은 매우 나쁘고 유해한 행위이며, 이런 것은 피해야 합니다.

가장 중요한 것은 나날의 수행을 실천하는 것입니다. 그렇게 하면 종교의 참모습을 서서히 이해하게 됩니다. 교의는 단순히 지식으로 있는 것이 아니라, 마음의 자질을 높이기 위한 것입니다. 그렇게 하기 위해서는 교의를 생활의 일부로 삼지 않으면 안 됩니다. 종교의 교의를 건물 안에 집어넣고 수행과 분리시킨다면, 그 참된 가치를 얻을 수 없습니다.

여러분이 좋은 마음으로 수행하고, 그 좋은 동기로부터 서양 사회에 무엇인가 좋은 영향이 끼쳐지기를.

이것이 나의 기도이며 바람입니다.

질문 : 수행에서 스승의 역할은 어떤 것입니까? 스승을 모시는 것은 필요한 것입니까?

달라이라마 : 수행에서 스승은 필요하고 또 배울 만한 내용도 있습니

다. 불교의 일반적 교리에 대해서는 스승이 없어도 책으로 습득할 수 있습니다. 그러나 복잡한 점에 대해서는 경험을 쌓은 인물의 지시나 설명 없이 책을 읽는 것만으로는 이해하기 어렵다고 생각합니다.

질문 : 사람은 기본적으로 겸손하고 성실한 마음을 가지고 윤리적인 삶을 사는 것이 중요합니다만, 특히 서양인들은 그럴 필요성이 있다고 생각합니다. 그 기초를 파악하고 덕·윤리·겸손의 기본을 갖추었다면 인생에 있어서 그 밖에 어떤 자질을 높이면 좋겠습니까?

달라이라마 : 정신을 안정시키는 일에 노력한다면 좋겠지요! 윤리란 자제하기 위한 수단이며 수동적인 행위입니다. 우리의 현재의 적은 우리 자신 안에 있습니다. 고뇌의 감정(자존심, 노여움, 질투)이야말로 진정한 적입니다. 실제로 이들 감정이 문제를 일으키는 원인이며, 그것은 우리 자신 안에 있습니다. 종교의 실제 수행이란 이들 내부의 적과 싸우는 것입니다. 어떠한 전쟁이 일어나더라도 수동적인 태도를 취하지 않으면 안 되며, 부정적인 감정에 대한 정신적 대항에는 윤리가 마음의 요새가 됩니다. 처음에는 우선 공격적인 행위를 할 준비가 안 되어 있는 것을 알고 있기 때문에 우선은 수동적인 태도를 취하지만─곧 이것이 윤리라고 하는 것입니다─그러나 사람은 다시 한 번 자신의 요새를 쌓아 윤리에 어느 정도 익숙해지면 이번에

는 이쪽에서 공격하지 않으면 받아들이지 않게 됩니다. 우리의 최대의 무기는 지혜입니다. 지혜라는 무기는 총탄과 같은 것으로, 로케트로도 비유됩니다. 로케트탄 발사통은 정신이 안정되어 있는 상태, 또는 평온하고 침착한 상태에 비유됩니다. 간단하게 말하자면, 도덕이나 윤리상의 기초를 체득하면 다음에 해야 할 일은 정신의 안정에 힘쓰며, 최종적으로는 지혜를 얻는 것입니다.

질문 : 일상생활에서 무엇이든 우리도 실행할 수 있는 가르침이 있다면 들려주십시오.

달라이라마 : 특별히 말씀드릴 것은 없습니다만, 나는 이렇게 생각합니다. 우리는 모두 똑같은 인간이며 평등합니다. 누구나 다 행복을 바라고 있으며 괴로움을 맛보고 싶다는 사람은 한 사람도 없습니다. 이 점에서 생각한다면, 신앙·인종·피부색이나 문화가 달라도 인간은 모두 똑같다는 것을 알 수 있습니다. 누구나 다 행복해지고 싶다는 공통의 희망을 가지고 있기 때문입니다. 사실 우리 불교도는 모든 살아 있는 생명을 구한다는 가르침을 따르고 있습니다만, 실제로는 실존하는 사람들에게 이것은 대책 없는 생각일지도 모릅니다. 어쨌든 우리는 조금이라도 모든 인류를 도와야 한다는 관점에서 사물을 생각해야만 합니다. 이것은 매우 중요한 것입니다. 가령, 다른 세계에 사는 생물에 대해서 생각하는 것이 불가능해도 이 혹성(지구)의

인류에 대해서는 생각하지 않으면 안 됩니다. 그러기 위해서는 실제로 행동에 옮겨 보는 것입니다. 기도하는 것만이 아닌, 일상의 생활 속에서 다른 사람을 돕는 것이 중요합니다. 만일 돕는 것이 불가능하다면 적어도 다른 사람을 해롭게 하는 일은 모두 삼가야 합니다. 다른 사람을 속인다든지, 다른 사람에게 거짓말을 한다든지 해서는 안 됩니다. 사람들을 정직하고 성실한 마음으로 대하지 않으면 안 됩니다. 실제 삶의 준칙으로서 그러한 자세를 갖는 것이 중요합니다. 그 사람이 종교가 있건 없건 이러한 일은 다음 두 가지가 문제입니다. 단지 이 세계의 주인으로서, 인류 가족의 한 사람으로서 이러한 자세를 갖는 것이 중요합니다. 그러한 자세를 가짐으로써 참된 세계 평화와 조화를 계속할 수 있습니다. 조화, 우호, 그리고 서로 존중하는 것을 통해 많은 문제를 해결하고, 나아가서는 고통 없는 정당한 방법으로 문제를 극복할 수 있습니다.

이상이 내 생각이며 러시아나 몽골과 같은 사회주의 국가나 미국을 비롯한 서양 여러 나라와 같은 자본주의 국가 등, 어느 곳에 가더라도 같은 메시지를 전하고 있습니다. 이것은 나의 충고이며 제안이며 내가 느낀 그대로입니다. 내 자신도 가능한 한 그렇게 하려고 노력하고 있습니다. 만일 여러분도 이 생각에 공감하고 뭔가 가치를 찾는다면 매우 의미 있는 일이라고 생각합니다. 종교와 함께하는 사람, 즉 실제로 종교 수행을 하고 있는 사람은 인간이 활동하는 사회로부터 격리되어 있는 일이 있습니다만, 이것은 좋지 않는 일이며 올바른 일도 아닙니다. 그러나 이것은 이렇게 인정해야 합니다. 예를 들면, 정말로 명상에 집중하고 싶을 때에는 어느 기간만이라도 사회와 떨어져서 고립되어 있는 것도 좋은 일입니다만, 그러한 케이스는 드물며, 우리 불교도의 대다수는 인간 사회 가운데서 실제의 종교 수행을 행하지 않으면 안 됩니다. 불교에서는 학습과 수행이 매우 중요하며, 이 두 가지는 함께 행하지 않으면 안 됩니다. 지식을 갖지 않고 무턱대고 신앙만을 의지하는 것도 나쁜 것은 아닙니다만, 충분하지는 않습니다. 때문에 지적인 부분이 필요한 것도 확실합니다. 그와 동시에 엄밀히 말하자면, 신앙과 수행 없이 지성만 발달시켜도 별로 의미가 없습니다. 학습에서 생긴 지식을 일상의 진면목인 수행과 연결하는 것이 필요합니다. 이 두 가지는 함께 존재해야 합니다.

질문 : 예하께서 봉사에 대해서 말씀하셨습니다만, 서양 사회에서는 어떻게 봉사하면 좋을까요?
달라이라마 : 다만 한 사람의 인간이라도 도울 수 있다면 그것이야말로 봉사라고 할 수 있겠지요. 학교나 대학 등의 교육 장소에서, 그 밖의 분야에서도 다른 사람을 위해서 진력할 수 있는 기회는 많습니다. 많은 그리스도 교도의 형제자매들이 그러한 일을 실천하고 있으

며, 나는 그것이 매우 훌륭한 일이라고 생각합니다. 불교도도 그것을 본받지 않으면 안 됩니다. 이렇게 교육이나 복지 차원에서는 직접적인 봉사를 할 수 있기 때문입니다. 또 회사나 공장에서 근무하는 것은 직접 다른 사람에게 힘을 쏟는 것은 되지 않더라도, 간접적으로는 사회에 봉사하는 것이 됩니다. 가령 자신의 월급을 위해서 일하고 있다고 해도 간접적으로는 다른 사람에게 봉사하는 것이 되므로, "자신의 일은 다른 사람에게 도움이 된다."는 생각을 하면서 좋은 동기를 가지고 일을 해 주시기 바랍니다. 그러나 총이나 탄환을 제조하는 사람이, 그런 생각을 하는 것은 무리겠지요. 탄환을 제조하면서 "나는 사람들에게 도움이 되는 일을 하고 있다."라고 생각하는 것은 위선이 아닐까요?

질문 : 나는 스스로 가치 있는 존재라고는 생각하지 않습니다. 명상의 초심자로서 이 일에 어떻게 대처하면 좋을까요?

달라이라마 : 자신감을 상실해서는 안 됩니다. 인간에게는 모두 똑같은 능력이 갖추어져 있습니다. "나는 가치 없는 인간이다."라고 생각하는 것은 틀린 것입니다. 완전히 잘못된 것입니다. 자기를 속이는 것입니다. 우리들은 누구라도 생각하는 힘을 갖추고 있습니다. 이 이상 무엇이 부족하다고 생각하십니까? 의지의 힘이 있다면 무엇이라도 할 수 있습니다. 그러나 자신감을 상실하여 "나 같은 사람이

도대체 무엇을 할 수 있단 말인가?"라고 생각한다면 성공에의 길은 닫히고 맙니다. 불교에는 "자기는 자기의 주인이다."라고 하는 가르침이 있습니다. 사람은 무엇이라도 할 수 있는 것입니다.

질문 : 세속과 떨어지는 일 없이 깨달음을 얻는 것이 가능합니까?
달라이라마 : 물론입니다. 세속을 버리는 것은 이 세상에 대한 집착을 끊는다는 것을 의미하며, 세속과의 관계를 끊어야만 한다는 것은 아닙니다. 불교 교의의 참된 목적은 다른 사람에게 봉사하는 것이며, 그러기 위해서는 사회에 머무르지 않으면 안 됩니다. 사회에 몸을 두어야 하는 것이지요.

질문 : 학습·교시·명상이라는 과정에 필요한 모든 것을 완성하는 것과, 가족에게 음식이나 집을 제공하고, 그들을 지키기 위해 일하는 것은 어느 것이나 막중한 책임이 따르는 매우 중요한 것입니다만, 어떻게 하면 이 두 가지를 조화롭게 실천할 수 있습니까?
달라이라마 : 어느 것에 대해서도 가능한 한 힘을 다하여 행하지 않으면 안 됩니다. 이것은 내 자신이 명심하고 있는 자세로서 나는 항상 어떤 수행에 임하고 있지만 동시에 본질적으로는 다른 사람을 위한 일을 실행하고 있습니다. 나와 같은 상황에 있는 사람들에게 가장 중요한 것은 좋은 동기를 택하고 그 가운데서 매일의 자신의 계획을

실행하는 것입니다. 이른 아침과 늦은 밤에는 적어도 30분은 수행·
명상·염송·요가 등을 하십시오. 그리고 낮에 움직일 때는 좋은 동
기를 갖도록 명심하십시오. 매일 아침, 일을 시작하기 전에는 오늘
하루 성인의 가르침에 따라 최대한 다른 사람에게 도움이 될 만한
일을 하려는 결의를 하지 않으면 안 됩니다. 밤, 잠자리에 들기 전에
는 실제로 자신이 결의한 대로 일을 실천했는지 낮 동안의 자신의
행동을 반성해 보십시오. 그러한 일이 매일의 수행이 됩니다.

10_ 마음의 평화

달라이라마

어떻게 하면 평화와 행복을 만들어 낼 수 있을까요? 무기를 사용해서입니까? 물론 아닙니다. 돈을 사용해서입니까? 그런 경우도 있습니다만, 생각보다 드뭅니다. 그러나 사랑이나 다른 사람의 괴로움을 나누는 것에는 평화와 행복이 가득합니다. 좋은 동기야말로 평화를 향한 올바른 기본이 되는 것입니다.

10_ 마음의 평화

우리는 태어나는 순간부터 양친의 보호와 사랑 속에서 살아갑니다. 그 후 한동안 스스로의 힘으로 살아가지만 그 과정에서 병으로 괴로워한다거나 고뇌하기도 합니다. 그러다가 어느정도 나이를 먹게 되면 다시 다른 사람의 보살핌을 받게 됩니다. 일생의 시작과 끝에 이정도로 다른 사람의 사랑을 받으면서도 왜 다른 사람에게 친절하게 하지 않는 것일까요?

사랑과 자비야말로 참으로 사회의 기초가 되는 것입니다. 이러한 감정을 잃어버리면 사회에 놀랄 만한 고난이 닥쳐옵니다. 인간이 존속하는 것이야말로 위기를 드러내는 것일지도 모릅니다. 마음의 내적 평화와 사회적 조화를 동시에 체험하려면 물질적 진보와 정신적 진보가 함께하지 않으면 안 됩니다. 마음의 내적 평화 없이는, 마음의 평온함 없이는 평화를 간직해 나가는 것이 불가능합니다.

질문 : 마음의 평화의 필요성에 대해서 자주 말씀하십니다만, 그것

은 어떠한 것입니까? 특별한 마음의 상태를 말씀하시는 것입니까?

달라이라마 : 마음의 평화 말입니까? 성내는 마음이나 집착을 버리면 항상 평온하고 안정된 상태에 있게 됩니다. 정말로 간단한 일입니다. 성내는 기분이나 집착에 의해서 마음에 파도가 생깁니다. 사람은 욕망에 져 버리거나 구애받는 기분을 누르지 못할 때에는 결과적으로 마음이 불안정한 상태가 되고 만다는 것을 충분히 이해하지 않으면 안 됩니다. 그러나 실제로 강한 욕망이나 집착이 생기면, 마음의 평화도 잃어버리고 맙니다. 집착, 특히 성냄이나 미움의 기분을 버리면 마음이 평온한 상태가 됩니다. 이것이 이른바 마음의 평화입니다.

질문 : 마음의 평화를 얻으려면 명상하는 것이 역시 필요합니까?

달라이라마 : 내 경험으로 말하자면, 그것은 참으로 이성에 의해서 얻어지는 것이라고 생각합니다. 명상은 별로 도움이 되지 않습니다. 가장 효과적인 것은 성내는 기분이 얼마나 유해하고 부정적인 것인가를 아는 일입니다. 그것에 대해서 완전히 마음으로 납득해 버리면 그 기분이 바로 성냄을 버리는 힘이 됩니다. 성냄은 항상 불행이나 문제를 생기게 한다는 것을 이해하지 않으면 안 됩니다. 살아가다 보면 당연히 성내는 기분은 나오는 것입니다. 성내는 것은 피할 수 없는, 항상 관계를 가져야 하는 친구나 친척과 같은 것입니다. 그

사람(성냄)을 점점 알게 되면 그 사람은 성질이 사나우므로 주의가 필요한 인물이라고 느끼게 됩니다. 당신이 그 사람을 만날 때-아직 친해지지 않는 관계에서도-항상 어느 정도 경계심을 가지고 있게 되면 결국 그 사람의 당신에 대한 압력은 서서히 약해지는 것입니다. 당신 속에서 성내는 기분이 머리를 쳐드는 것을 느끼면, "아아, 성내면 도움 될 것도 없으며 성내도 별로 의미가 없다."라고 생각하십시오. 그러는 사이 성냄은 그 기력이나 체력을 잃어버리고 시간이 흐름에 따라 차츰 성냄은 사라져 갑니다.

질문 : 자신의 마음을 살피는 것, 그것도 명상이 아닙니까?

달라이라마 : 명상 중에 그렇게 묵상하고 있으면 마음의 평화나 뭔가 깨달음 같은 것을 실감하는 일이 있을지도 모릅니다만, 그것은 단지 현실의 문제에서 눈을 돌리고 있을 뿐일지도 모릅니다. 문제는 아직 거기에 있습니다. 논리적인 방법으로 문제를 해결하는 것은 현실 도피가 아닙니다. 성내거나 부정적이 될 때에도 마음의 준비가 되어 있으면 성냄에 의한 영향은 적어집니다.

　사람은 역경을 경험하면 자신의 신념이나 소망을 상실하거나 실망하거나 하는 반응을 보입니다. 물론 그것은 매우 슬프고 부정적인 것입니다. 그러나 곤란한 상황이라는 것은 현실의 상황, 즉 사실에 눈을 돌리게 해 주는 것입니다. 사람의 역사에 눈을 돌려 보십시오.

사람의 역사란, 사람의 마음의 역사가 새겨진 것입니다. 역사적 사건, 전쟁, 인류에게 유익한 진보, 비극적 사건—이들 모두가 인간의 부정적 사상이나 혹은 긍정적 사상의 산물입니다. 모든 위대한 사람, 민족 해방자, 훌륭한 사상가들이라고 불리는 모든 과거의 위대한 사람들은 긍정적 사상을 가졌기 때문에 태어난 사람들입니다.

이에 반해 비극적 사건, 포악한 행위, 무서운 전쟁 등 모든 불행한 사건은 인간의 부정적 사상에 의해서 생겨난 것입니다. 인간의 마음 속에는 잠재적으로 긍정적인 사상과 부정적인 사상이 함께 있습니다. 따라서 인간에게 도움이 되는 유일한 행위는 긍정적 사상을 발전시키려고 하는 노력, 긍정적 사고력을 높이고 부정적인 생각을 줄여 가는 실천인 것입니다. 그렇게 하면 인간의 애정·관용·자비심에 의해서 더욱 희망이 커지고 신념을 갖게 되겠지요. 그리고 희망과 신념에 의해서 한층 밝은 미래가 주어지는 것입니다. 만일 성냄이나 미움에 굴복하면 미래가 보이지 않게 됩니다. 분별 있는 사람이라면 누구라도 자기 자신을 잃고 싶지는 않겠지요.

이것은 정신적인 교의도 도덕적인 훈령도 아닌, 지금의 체험에 의해서 입증되는 사실입니다. 따라서 인간의 신념을 강하게 하려면 희망이 필요합니다. 그 희망을 실현하는 데는 자비·사랑이 필요합니다. 사랑과 자비는 희망과 신념의 기본이 되는 것입니다. 그런 까닭에 세계 속의 어떠한 정신적 교의에서도 사랑과 자비의 중요성이 강조되고 있습니다.

　다음으로 또 하나 중요한 것을 말하자면, 인간의 행복, 인간의 만족감은 최종적으로는 자기 자신의 내면에서 솟아나는 것이 아니면 안 됩니다. 금전이나 컴퓨터에서 궁극의 만족을 얻으려고 기대하는 것은 틀린 것입니다.

질문 : 서양 사람들이 안고 있는 문제를 실제로 보시거나 체험하고 계시겠습니다만, 그러한 문제의 주된 원인은 마음의, 내면 세계를 소홀히 하는 점에 있다고 생각하십니까?
달라이라마 : 그렇습니다.

질문 : 그것을 해결하려면 좀 더 마음의 소리를 의식하는 것이 필요합니까?
달라이라마 : 예, 바로 그렇습니다.

질문 : 이 마음의 내면을 찾으려면 어떻게 하면 좋을까요?
달라이라마 : 명상이나 기도를 하는 것보다는 자기를 관찰하고 마음 속을 응시하는 것이 이 경우에는 효과가 있다고 생각합니다.

　마음의 내적인 세계를 무시하고 서로 화해하지 않으면 세계 평화는 오지 않습니다. 세계 평화는 마음의 내적인 평화에서 구축되지 않으면 안 됩니다. 내적 평화 없이는 세계 평화, 즉 외적 평화는 달성되지 않습니다. 무기는 그것만으로는 사용할 수 없습니다. 어디에서 무턱대고 굴러 들어온 것이 아니라, 인간이 무기를 만들었습니다. 그러나 그러한 무기, 그러한 놀라운 무기가 있다 해도 거기에 있는 것만으로는 아무 일도 일어나지 않습니다. 저장고에 보관되어 있는 한 무기는 아무 해도 끼치지 않습니다. 그것을 사용하는 것은 인간입니다. 누군가가 그 버튼을 누릅니다. 사악한 힘, 사탄이 그 버튼을 누르지 않습니다. 손을 대는 것은 바로 인간인 것입니다.

죽음이나 일생의 덧없음에 대해서 깊이 생각하면 우리 마음은 자연과 정신적 성취에 흥미를 갖기 시작합니다. 바로 이것은, 보통의 사람이 친구의 시체를 눈앞에서 보는 순간 뭔가를 느끼기 시작하는 것과 같습니다. 무상과 죽음에 대해서 명상하는 것은 매우 유익합니다. 왜냐하면 명상을 함으로써 덧없고 무의미한 행위에 마음을 빼앗기는 일이 없어지기 때문입니다.

현생의 인간의 몸에는 헤아릴 수 없는 능력이 갖추어져 있기 때문에 한 순간이라도 소홀히 하지 말고 그 능력을 살리는 것을 마음 깊이 이해하려고 노력하십시오. 인간의 존재 가치라는 본래의 의미를 생각하지 않고 다만 무의미하게 지내는 것은 독을 마시면 어떻게 될지 충분히 알지 못하기 때문에 그것을 마셔 버리고 마는 것과 같은 것입니다. 인생의 귀중한 순간을 소홀히 하면서는 조금도 후회하지 않으면서도, 돈을 잃어버리면 깊은 슬픔을 느끼는 것은 어리석은 것입니다.

죽음을 항상 의식하고 있으면 죽음이 찾아와도 놀라지 않습니다. 걱정도 없습니다. 죽음이란 옷을 갈아입는 것과 같습니다. 따라서 죽음을 맞이할 적에 마음의 평온을 유지하는 것이 가능합니다.

자신의 결점을 하나라도 알아차리는 것은 다른 사람의 백 가지 결점을 알아 내는 것보다 더욱 유익한 것입니다. 다른 사람에 대해 나쁜 말을 한다든지 다른 사람의 생활에 마찰이나 불안을 일으키는 행동을 하지 않고, 상대방을 가능한 한 순수하게 이해해야 하며, 다른 사람의 일을 말할 적에는 그 사람의 좋은 점에 대해서 말하려고 노력해야 합니다. 자신이 누군가를 중상하고 있음을 느끼면 자신의 입에 무엇이든 집어 넣어버리면 됩니다. 그렇게 하면, 곧 그런 행동을 그만두게 됩니다.

미움이나 성냄, 욕망 등의 부정적인 감정은 우리의 참된 적이며 내면의 행복을 흩어놓거나 파괴해서 사회를 어지럽게 하는 원인이 됩니다. 따라서 그러한 감정은 완전히 제거하지 않으면 안 되는 것이며, 그러한 감정이 있는 한 결코 행복해질 수가 없습니다.

자주 있는 일입니다만, 우리가 좋다고 생각하는 것이 있을 때 그것은 우리 눈에는 100% 좋은 것으로 비치고, 좋지 않다고 생각할 때에는 그것은 정말로 처음부터 전혀 좋지 않았던 것처럼 보입니다.

그러한 견해상의 문제가 있기 때문에 우리는 사물을 오해하며 그렇기 때문에 본질을 잘못 인식하게 되는 것입니다. 어떤 대상에 대해서 매우 화가 났을 때는 상대방의 머리 꼭대기에서 발끝까지 완전히 부정적으로 보고 맙니다. 성냄의 정도가 약해지면 그 대상이 된 사람의 입장도 조금씩 생각하기 시작합니다. 욕망에 대해서도 똑같이 말할 수 있습니다. 사람은 부정적 감정의 영향을 강하게 받고 있을 때에 정신적인 이상 상태에 빠지고 맙니다. 만일 마음의 조화를 잃게 되면 다른 사람을 위해 일하는 것은 고사하고 자신을 위해 일하는 것도 불가능하게 됩니다.

인내는 적이 있음으로 말미암아 배울 수 있는 것입니다. 정신 수양의 스승에게서 배우는 것은 아닙니다. 예를 들면, 이러한 이야기를 듣고 있는 경우에 여러분이 이야기에 식상했을 때야말로 인내를 배울 수 있습니다. 적을 눈앞에 두는 것도 정신적으로 도움이 되는 면이 있다는 것을 생각할 필요가 있습니다. 따라서 어떤 의미에서는 적의 존재는 귀중한 것이며 우리의 성장에 도움이 되는 것입니다.

만일 내가 라사에 머물러 있고 중국의 침략이 없었다면 나는 지금도 오히려 고립된 상태일지도 모릅니다. 아마도 현재의 나보다는 좀 더 보수적이었을 것입니다.

따라서 이러한 기회를 나에게 준 것을 중국에 매우 감사하고 있습니다. 적은 매우 중요한 것입니다. 적을 통해서 내면의 힘을 기르는 것입니다. 마음은 원래 상처받기 쉬운 것이지만 뭔가 문제가 생기면 강해지는 것입니다.

지식으로서만 알고 있는 것이 아니라 실제 행동에 옮기는 것, 단지 지식으로 가지고 있는 몇 가지를 일부러 고르려고 한다면 실제로 행동에 옮기는 것이 중요합니다. 왜냐하면 실제 체험이 있는 사람은 자신이 가지고 있는 지식을 모두 활용할 수 있기 때문입니다. 자기 억제가 불가능한 사람이 다만 지식을 가지고 있는 것만으로는 정신 상태를 나쁘게 하며, 나쁜 정신 상태를 연장하여 그것으로 자기 자신이 불유쾌한 기분이 될 뿐 아니라 다른 사람과도 불화가 생겨 본래 바라던 행복이나 마음의 평화를 얻을 수 없게 됩니다.

사람은 걸핏하면 자신보다 신분이 높은 사람을 부러워하고, 자신과 같은 신분의 사람과는 경쟁을 하며, 자신보다 신분이 낮은 사람을 대할 때는 잘난 척하거나 그들을 멸시하거나 합니다. 그것은 마치 약이 독이 되는 것과 같은 것입니다. 그러한 위험성이 높기 때문에 다양한 지식이나 실제 체험, 그리고 선량한 마음을 갖는 것이 매우 중요하며, 지식이 실제 체험에서 얻은 것을 부정한다든지, 또는 실제 체험에서 얻은 것이 지식을 부정하는 일이 없어야 합니다.

나는 생소한 지역에 갈 때는 항상 "미지의 나라, 미지의 사람들"이라고 하는 생각을 가지고 있었습니다만, 결국은 그 나라를 찾아서 알면 알수록 인간은 모두 같다는 것을 느끼며, 매우 즐겁게 생각합니다.

나는 형식으로 치장하지 않는 격의 없는 분위기를 좋아합니다. 최근 들어 그 생각이 더 강해졌습니다. 가장 중요한 것 하나는 자비의 마음입니다. 자비의 마음은 뉴욕의 커다란 가게에서 살 수 있는 것이 아닙니다. 기계로도 만들어 낼 수 없습니다. 마음의 내적 발전에 의해서 비로소 손에 넣을 수 있는 것입니다.

어떻게 하면 평화와 행복을 만들어 낼 수 있을까요? 무기를 사용해서입니까? 물론 아닙니다. 돈을 사용해서입니까? 그런 경우도 있습니다만, 생각보다 드뭅니다. 그러나 사랑이나 다른 사람의 괴로움을 나누는 것에는 평화와 행복이 가득합니다. 좋은 동기야말로 평화를 향한 올바른 기본이 되는 것입니다.

질문 : 크나큰 공포에 가장 효과적으로 대처하려면 어떻게 하면 좋을까요?

달라이라마 : 거기에는 많은 방법이 있습니다. 우선, 행위와 그 결과에 대해서 생각해 봅시다. 우리는 뭔가 나쁜 일이 일어나면 "아아, 왜 이렇게 운이 나쁠까?"라고 말하고, 좋은 일이 일어날 때에는 "매우 운이 좋다."라고 말하는 것이 보통입니다. 그러나 실제로는 '운이 좋다, 나쁘다'라는 말로는 나타낼 수 없는 부분이 있습니다. 무슨 일이든 이유가 있고, 이유가 있으므로 운이 좋거나 나쁘거나 하는

것입니다. 그렇지만 보통 우리는 운이 좋고 나쁘다는 것 이상의 일은 생각하지 않습니다. 불교에서는 운을 결정하는 원인은 과거의 카르마(업), 즉 과거의 행위라고 말합니다. 큰 공포에 대처하는 하나의 방법은, 두려움이란 과거의 자기 자신의 행위의 결과로서 나타난 것임을 이해하는 것입니다. 더욱이 뭔가 불안이나 고통에 의한 두려움을 느끼고 있다면 그것을 해소할 수 있는 일이 있는지 없는지를 검토해 보십시오. 만일 해결책이 있다면 걱정할 필요가 없고, 해결책이 없다면 역시 걱정해도 소용이 없는 것입니다. 또 하나의 방법은 누가 두려움을 느끼고 있는가를 잘 생각해 보는 것입니다. '나'의 본질을 조사해 보십시오. '나'는 어디에 존재하는가? '나'는 누구인가? '나'의 본질은 무엇인가? 나의 육체와 의식 이외에 '나'는 존재하는가? 이렇게 생각하면 도움이 되지 않을까요?

또 보살행을 행하는 사람은 다른 사람의 괴로움도 자신의 것으로 하려고 노력합니다. 두려움을 느끼고 있다면 이렇게 생각하십시오. '다른 사람들도 나와 같은 두려움을 느끼고 있다. 다른 사람들의 두려움을 모두 내가 짊어질 수 있게 되기를.' 가령 자신이 말할 수 없는 고통을 받으며 말할 수 없는 고통에 시달린다면, 두려운 생각은 덜어지겠지요. 두려운 생각을 품지 않고 마음을 뭔가 다른 방향으로 향해서 공포의 생각이 없어지게 하는 것도 하나의 방법입니다. 다만 이것은 일시적인 수단일 뿐이지요. 또 자신의 몸에 위험을 느껴 공포심을 갖게 된다면 누워있을 때에는 자신의 머리를 부처님의 무릎 위에 놓고 있다고 상상해 보면 어떨까요? 이것은 심리적으로 효과가 있다고 생각합니다. 또 진언을 외우는 것도 좋습니다.

질문 : 사랑과 결혼에 대해 말씀해 주십시오.

달라이라마 : 말씀드릴 것은 별로 없습니다만, 결혼에 관해서는 서둘지 않고 신중하게 하는 것이 좋다는 것이 나의 솔직한 의견입니다. 영원히, 적어도 이 현생에서 결혼을 계속해 갈 자신이 있는가 없는가를 확인하십시오. 자신이 하고 있는 일을 잘 모른 채 결혼을 서두르면 한 달이나 일 년 후에는 문제가 생겨 이혼을 바라게 되지요. 법적으로는 이혼은 가능하며 자식이 없다면 용인될 수도 있겠습니다만, 자식이 있다면 이혼은 바람직하지 않습니다. 부부는 섹스나 자신들의 쾌락을 생각하는 것만으로는 충분하지 않습니다. 자신들의 자식에 대해서 생각할 도덕적 책임이 있습니다. 양친이 이혼하면 자식은 일생 동안 괴로워하게 됩니다. 부모는 자식의 거울 같은 것이기 때문에 양친이 날마다 싸우고 이혼해 버리면 자식의 마음 깊은 곳 무의식에 나쁜 영향이 새겨져 버린다고 생각합니다. 이렇게 되면 비극이라고밖에 말할 수 없습니다. 참된 결혼을 하려면 '안달은 금물' 이라고 하는 것이 내 의견입니다. 신중하게 매사를 추진하고 충분히 이해한 뒤에 결혼하면 행복한 결혼 생활을 하게 됩니다. 가정

의 행복은 세계의 행복과 통하는 것입니다.

*

　법왕은 과거 30년 이상에 걸쳐서 평화의 상징, 그리고 비폭력 사회를 지향하는 운동을 이끄는 국제적 대변자로서 활약하고 계십니다. 티베트 사람에게 그의 정신적·정치적 통솔력은 티베트의 문화와 생활양식을 보호하기 위한 중요한 원동력이 되고 있습니다. 티베트의 위기를 평화적·정치적으로 해결하려고 하는 법왕의 끊임없는 노력은 티베트 사람인 것을 보증하는 정치적 권리나 티베트 문화의 존속을 보증하는 티베트의 장래를 희망할 수 있게 합니다.

　나는 연방의회 인권회의의 한 사람으로서, 연방의회 인권재단이 1989년도의 인권상을 달라이라마 14세에게 수여하는 것을 기쁘게 생각합니다. 평화, 인간의 존엄과 인권의 이념에 대한 법왕의 노력에 의해 우리들 모두는 용기를 얻었습니다. 이 상을 수상하는 데 적합한 사람은 법왕을 제외하고는 달리 없습니다.

연방의회 의원 멜 레빈 연방의회 의사록 1989년 7월 18일

11_ 인권과 보편적 책임

달라이라마

진정한 행복은 자기 자신이나 친한 사람들이라는 한정된 대상의 행복을 걱정하는 것에서 주어지는 것이 아니라, 모든 살아 있는 생명체에 대한 사랑과 자비의 마음을 기르는 것으로부터 생겨나는 것입니다. 여기서 말하는 사랑이란, 모든 살아 있는 생명체가 행복해지기를 바라는 것이며, 자비란 그들 모두가 괴로움으로부터 자유롭게 되기를 바라는 것입니다. 이러한 마음가짐으로부터 평화의 기초가 되는 관대함과 신뢰의 마음이 생겨납니다.

11_ 인권과 보편적 책임

여러 가지 이유로, 이 세상 사람들의 거리는 점점 가까워져 사람들이 상호 의존하는 경우도 늘어나며, 인구가 급속히 불어나서 다른 나라 사람 그리고 다른 나라 정부가 서로 접촉하는 기회가 늘어나는 현재, 인간 상호 간 그리고 이 지구 전체에 관한 개인·국가·국민의 지위나 권리 그리고 책임을 생각하고 다시 평가하는 것이 중요한 일이 되었습니다.

세계의 다른 지역, 멀리 떨어진 지역에 있는 형제자매의 권리와 자유에 관심을 기울이는 여기 스트라스부르(Strasbourg, 프랑스 동북부 Alsace 지방의 중심 도시) 지역에 이렇게 많은 사람들이 모여 있다는 사실은, 우리들 사이에 새로운 친밀한 관계가 형성되었다는 것을 나타내 줍니다. 모든 인류의 바람은 본질적으로 동일하다는 인식이 깊어졌음에 다름 아닙니다. 사는 장소, 인종, 종교, 성별 또는 정치적 상황에 관계없이 누구나 다 행복을 바라고 괴로움에서 벗어나려고 합니다.

오늘 나는 한 사람의 인간으로서, 공존하는 이 지구의 주인으로서 이야기를 하고 있습니다. 또 일개 불교 승려로서 내 자신의 신념의 진수인 사랑과 자비의 가치와 힘을 믿는 자로서 이야기를 합니다.

인류, 나아가서는 모든 살아 있는 생명체-동물과 식물까지도-는 행복을 추구하고 평화롭게 살 권리가 있습니다. 다른 사람이나 생명체에 고통이나 괴로움을 줄 권리를 가진 사람은 한 사람도 없습니다.

행복의 본질을 충분히 이해하지 못하는 것이 사람들이 다른 사람에게 괴로움을 주는 가장 큰 원인이라고 나는 생각합니다. 이러한 사람들은 다른 사람을 괴롭히는 것을 자신의 행복으로 느끼거나, 다른 누군가를 해치려고 하는 경우에도 자신만 행복하면 그만이라고 생각하는 것입니다. 그러한 행태는 근시안적인 것으로, 다른 사람을 해치는 것으로 진정한 은혜를 받는 사람은 없습니다.

다른 사람을 희생시켜 곧바로 어떤 이익을 얻는다 해도, 그것은 일시적인 것입니다. 긴 안목으로 보면 다른 사람에게 고통을 맛보게 하거나 평화와 행복을 구하는 그들의 권리를 침해하는 것은 자기 자신 속에 불안과 공포, 의심을 싹 틔우는 것입니다. 그러한 감정이 행복의 증거라고 하는 마음의 평화와 만족감을 서서히 갉아먹는 것입니다.

진정한 행복은 자기 자신이나 친한 사람들이라는 한정된 대상의 행복을 걱정하는 것에서 주어지는 것이 아니라, 모든 살아 있는 생명체에 대한 사랑과 자비의 마음을 기르는 것으로부터 생겨나는 것입니다. 여기서 말하는 사랑이란, 모든 살아 있는 생명체가 행복해지기를 바라는 것이며, 자비란 그들 모두가 괴로움으로부터 자유롭게 되기를 바라는 것입니다. 이러한 마음가짐으로부터 평화의 기초가 되는 관대함과 신뢰의 마음이 생겨납니다.

우리가 강력하게 우리의 권리와 자유를 주장한다면, 인간으로서의 책임도 생각하지 않으면 안 됩니다. 자기와 같이 다른 사람도 평화와 행복을 추구할 권리가 있다는 것을 인식하고 있다면 다른 사람이 곤란할 때에 손을 내밀거나 적어도 그들에게 상처를 입히지 않으려고 노력하는 책임이 우리들에게 없는 것일까요? 자기 자신의 자유와 행복 추구에 몰두한 나머지 이웃사람의 괴로움에 눈을 돌리지 않는 것은 그러한 책임을 거부하는 것이 됩니다. 우리는 다른 사람의 문제에 대해서 그것이 개인적인 것이거나 인간 전체에 관한 것이거나 좀 더 관심을 보이지 않으면 안 됩니다.

상호 의존하는 정도가 나날이 증가하는 지금의 세계에서 개개인과 국가가 안고 있는 많은 문제를 독자적으로 해결하는 것은 거의 불가능하게 되었습니다. 우리는 서로를 필요로 하고 있습니다. 따라서 보편적 책임을 다하지 않으면 안 됩니다. 이것이야말로 내가 1973년에 처음 유럽과 서양을 방문한 이래 계속 여러분에게 호소해 온 신념입니다. 더욱 많은 사람들이 이러한 생각을 공유하려고 하는 것에 나는 용기를 얻었습니다. 인간 동포, 또 우리가 공유하는 이 지구에 대하여 사람들이 책임을 지고 있다는 사실을 점점 더 많은 사람들이 의식하려 하고 있습니다. 많은 괴로움이 계속되고 이데올로기, 종교, 역사 또는 진보라는 이름 아래 개개인이나 국민을 괴롭히는 일이 있어도, 새로운 희망이 솟아나고 있는 것입니다.

세계 어디에 있는 사람이라도 모두 인류의 권리와 자유를 위해 자기 자신의 행복을, 때로는 자기의 생명까지도 희생하는 적극적 의지를 보여주고 있습니다. 최근 아시아 여러 나라나 그 밖의 다른 지역에서 보이는 인권과 민주주의를 얻기 위한 분투의 결과로 얻은 성공은 다른 사람을 구하려고 하는 책임감을 가진 여러분들의 관심 없이는 실현될 수 없는 일이었습니다.

우리는 세계적으로 모든 사람-인종·민족-의 민주적 권리를 전반적으로 추구하는, 대규모로 넓게 보급된 운동을 실제로 눈앞에 바라보고 있습니다. 이 운동에는 융통성 없는 정부나 군대로는 억압할 수 없을 정도의 정신력이 있습니다. 그 사실은 자유에 대한 인간의 의지가 이기는 것을 나타내 주며, 그로써 우리를 격려하고 있습니다.

국가에 대한 국민의 권리가 국민의 정치적 지위에 관계없이 널리 인식 되었으며, 더욱이 개인도 이전보다 늘어난 민주적 자유를 얻게 된 것은 많은 사람에게 미래의 용기와 희망을 주고 있습니다. 국가 또는 국민이 자신의 권리와 자유를 존중받고자 하며, 억압이나 인종 차별, 군사적 점령과 많은 형태의 식민주의와 외국의 지배에 대하여 필사적으로 대항하는 것은 당연한 일이며, 참으로 그들 자신을 위해서 정당한 일을 행하고 있는 것입니다. 정부는 적극적이며 견실한 이러한 요구를 지원해야만 하며, 관례에 따른 형식적인 서비스만을 제공해서는 안 됩니다.

우리는 극단적인 정치적 이념이나 교의에 의해서 인간의 삶이 지배되어 가는 시대의 새벽에 있습니다. 반면에 그들 이념이나 교의를 대신해서 전 인류가 평화롭게 공유할 정신적 가치를 드러내고 드높여 나가는 것도 가능해지고 있습니다. 상반된 갈림길에 서 있는 이 역사적 기회를 이용하여 평화로운 정신적 가치가 새로운 지구적 삶의 철학이 되는 것을 추진·실현하지 않으면 안 됩니다.

지구적 가족을 보호·육성하고 열악한 상황에 있는 사람들을 도우며, 전 인류가 생활하고 있는 환경을 보호하며 소중히 하는 것은 사회 전체의 책임임과 동시에 개인의 책임이기도 합니다.

티베트인은 인류 사회에 공헌하고 책임을 지는 것을 바라고 있습니다. 티베트인은 수도 많지 않고 힘도 그다지 없습니다만, 커다란 곤란이나 괴로움에 직면해도 우리의 생활 방법이나 문화와 정신적인 전통의 도움을 받아 평화의 길을 걸으며 사랑과 자비를 추구하는 것에 위로 받고 있습니다.

만일 기회가 주어진다면 티베트인들은 우리의 고향인 티베트 고원을 참된 평화의 성지로 바꾸어 인류와 자연이 평화롭게 공존하게 되기를 간절히 바랍니다.

　지구촌 가족의 한 사람 한 사람이 구하는 평화와 인권을 모두가 손에 넣을 수 있게 되는 것이 우리의 조그마한 바람입니다.

12_ 환경보호에 관한 윤리적 제언

달라이라마

환경보호와 환경 보존에 더 한층 효과적으로 행할 일
은, 마음의 평화를 유지하는 것입니다. 환경이 얼마나
중요한가를 알지 못하기 때문에 그것을 소홀히 함으로
써 우리 사회는 커다란 고통을 받게 됩니다. 지금이야
말로 환경보호의 필요성에 대해 누구라도 이해할 수
있도록 손을 쓰지 않으면 안 됩니다. 환경을 보존하는
것이 우리의 생명을 구하는 것이 된다는 것을 주위 사
람들에 알릴 필요가 있습니다.

12_ 환경보호에 관한 윤리적 제언

인도주의적 가치에 대한 책임을 무시하는 인간 활동에 의해서 평화롭게 생활하는 삶이 위협받고 있다는 것을 우리가 알아야 할 때가 되었습니다. 무지와 탐욕, 지구상의 생물에 대한 공경심의 결여에 의해서 자연과 천연자원이 파괴되고 있습니다.

이러한 공경심의 결여는 지구상의 인류의 자손, 즉 미래 세대에도 파급되고 있습니다. 세계평화가 실현되지 않고 자연 환경 파괴가 현재의 속도로 계속된다면 미래 세대가 물려받을 지구는 비참한 상황에 빠질 것입니다.

우리 선조들은 이 지구를 풍요롭고 은혜 깊은 있는 그대로의 모습으로 인식했습니다. 과거의 많은 사람들은 자연은 끝이 없고 그 모습을 간직해 간다고 생각했습니다만, 그렇게 말하는 것은 우리들이 자연을 소중히 하는 경우에만 해당됩니다.

무지에 의해서 과거에 자연이 파괴된 것에 대해서는 방법이 없습니다. 그러나 지금의 우리에게는 과거보다 더욱 많은 정보가 있습니다. 우리들이 물려받아 온 것과 우리들이 책임을 지고 있는 것에 대해서 그리고 다음 세대에 전할 것에 대해서 윤리적으로 재검토하는 것이 반드시 필요합니다.

우리가 귀중하다고 알고 있는 지구 환경, 동물, 식물, 벌레, 그리고 미생물조차도 미래 세대의 사람들은 그 많은 것을 알지 못하게 될지도 모릅니다. 우리에게는 행동할 능력이 있고, 또 그렇게 하지 않으면 안 될 책임도 있습니다. 처방이 늦어지기 전에 행동으로 옮기지 않으면 안 됩니다.

인간 동포끼리 온화하게 평화로운 관계를 쌓아가지 않으면 안 되는 것처럼, 자연환경에 대해서도 그와 같은 태도를 취하지 않으면 안 됩니다. 도덕적으로 말해도 우리를 둘러싼 모든 환경에 관심을 가지지 않으면 안 됩니다. 나아가 이것은 도덕과 윤리의 문제만이 아니라, 우리 자신이 살아가는 것에 관한 문제입니다. 지금의 세대를 위해서도, 미래 세대를 위해서도 환경은 매우 중요합니다. 우리를 둘러싼 환경을 지나친 방법으로 이용하려는 일이 있다면, 현시점에서는 은혜가 주어질지라도 언젠가 스스로 괴롭게 되고 미래 세대, 우리 후손들도 피해를 입게 되겠지요. 환경이 변하면 기후 상태도 바뀝니다. 기후가 크게 변화하는 것에 의해 경제나 다른 많은 상황도 변합니다. 거기서 크게 영향을 받는 것은 우리의 건강 상태입니다. 다시 한 번 이야기하지만, 환경 보존은 단순히 도덕상의 문제가 아니라, 우리 자신의 생명에 관한 문제입니다.

따라서 환경보호와 환경 보존에 더 한층 효과적으로 행할 일은, 마음의 평화를 유지하는 것입니다. 환경이 얼마나 중요한가를 알지 못하기 때문에 그것을 소홀히 함으로써 우리의 사회는 커다란 고통을 받게 됩니다. 지금이야말로 환경보호의 필요성에 대해 누구라도 이해할 수 있도록 손을 쓰지 않으면 안 됩니다. 환경을 보존하는 것이 우리의 생명을 구하는 것이 된다는 것을 주위 사람들에 알릴 필요가 있습니다.

만일 당신이 자기본위의 사람이라면 사려 분별 있는 마음이 넓은 사람이 되십시오. 중요한 것은 세계의 한 사람 한 사람에게 책임이 있다는 것을 의식하는 것입니다. 그것이야말로 참된 힘의 원천이며, 진정한 행복의 시작입니다. 만일 나무나 물, 광물 등의 자원을 우리의 형편에 맞추어 이용하려고 한다면, 그리고 다음 세대나 미래에 대한 아무 계획도 가지고 있지 않다면 우리는 잘못을 범하고 있는 것입니다. 그러나 소중한 동기를 가지고 세계의 한 사람 한 사람에게 책임이 있다는 것을 정말로 알게 된다면 환경과 우리 이웃과의 관계는 잘 되어 갈 것입니다.

인간적인 마음으로 환경을 보호하려는 결단을 하지 않으면 안 된다는 것을 마지막으로 전합니다. 내가 말씀드릴 것은 사랑과 자비, 그리고 관심에 근거한 보편적 책임감을 진정으로 의식하도록 여러

분이 노력하셨으면 하는 것입니다.

＊

인터뷰는 끝났다. 달라이라마는 그의 비서인 텐진 게세에게 나에게 선물할 티베트 은화를 가져오게 했다. 그 사이 우리 두 사람만 그의 사저의 응접실에서 기다리고 있었다. 달라이라마는 조금 등을 굽혀 등 뒤로 손을 잡고 있었다. 나는 열려 있는 창 쪽에서 있었다. 밖에는 만개한 부겐빌레아(Bougainvillea, 남미 원산 분꽃과(科)의 덩굴성 관목)가 늦은 오후의 햇빛을 받아 핑크색으로 빛나고 있었다.

돌연 달라이라마는 나를 향해서 말했다.

"나는 지금 달라이라마로서의 생애가 지금까지의 모든 달라이라마의 생애 가운데서도 가장 곤란한 것이라고 생각합니다."

내가 호소성 짙은 그 말에 빠져 들어가려 할 때, 돌연 그는 빛나는 아름다운 창 앞에 서 있는 내 쪽을 보면서 큰 소리로 웃으며 말했다.

"생명이란 이렇게도 아름다운 색으로 넘치고 있는 것입니다."

13_ 달라이라마를 좀 더 깊이 알기 위해서

캐서린 잉그람

누군가를 잃는다는 것은 두 가지가 있습니다. 하나는 자연히 되어 가는 것입니다. 나는 최근 30년간 망명생활을 하고 있습니다. 그 사이에 어머니를 잃고 선생님을 잃고 형제를 잃었습니다. 그러나 이것은 자연스러운 것입니다. 오랜 친구가 없어지지 않는 한, 새로운 친구를 받아들이는 것이 불가능합니다. 마찬가지로 불교의 실천자로서 이러한 종류의 상실은 자연의 일부라고 받아들이는 것입니다. 특별한 일이 아닙니다.

잉그람 : 간디의 공적 가운데 가장 큰 영향을 받은 것은 무엇입니까?

달라이라마 : 옛날부터 많은 인도의 스승들이 철학으로서의 비폭력을 주장해 왔습니다. 그것은 보다 정신적인 의미를 갖는 것이지만, 금세기에 마하트마 간디는 매우 뛰어난 실행 방법을 생각해 냈습니다. 그는 현대 정치 가운데서 이 숭고한 비폭력의 철학을 실천하였으며 그리고 성공했습니다. 이것은 매우 훌륭한 일입니다. 이 일은 정치의식의 역사에서 혁신적인 진일보가 되며, 그의 실험이 진리에 들어맞았던 것을 보여주었습니다. 인간 사회, 인간 커뮤니티에서는 진리가 매우 중요하다고 생각합니다. 금세기 초부터 중엽까지는 많은 사람들이 혼란하여 진리를 존중하는 것을 잊어버리고 말았던 것은 아니었나 생각합니다. 권력과 부를 잡으면 진리 등은 별로 가치가 없는 것으로 생각하기 쉽습니다. 그러나 최근 들어 이러한 생각이 바뀌고 있습니다. 모든 것을 손에 넣었던 가장 강력한 나라들조차도 기본적인 인간의 가치, 기본적인 인간의 신의를 보잘것없는 것으로

간주해서는 득이 될 것이 없다는 것을 알고 있습니다. 최근에 이르기까지 세계의 많은 지역이 경찰력과 무기의 힘에 의해서 완전히 변해 버리고 말았습니다. 구 소련, 중국, 미얀마, 필리핀, 많은 공산국가, 아프리카나 남미의 나라들이 공통적으로 그렇습니다. 그러나 결국은 총으로 민중의 의지를 꺾어 보려고 하는 것입니다. 나는 항상 현 시점이 역사적으로도 매우 중요하다고 말해 왔습니다. 현재 세계 평화와 세계 전쟁, 마음의 힘과 물질의 힘, 민주주의와 전체주의가 심하게 싸우고 있습니다. 그리고 점차 평화의 힘이 우세하게 되고 있지요. 물론 물질의 힘은 지금 오히려 더욱 강해집니다만, 물질주의에 대해 어떤 불만을 품고, 뭔가가 만족스럽지 않다고 생각하는 사람들이 늘어나고 있습니다. 21세기에 접어들어 중요한 문제는 인간의 가치와 진리의 가치라고 나는 생각합니다. 지금 이들 가치는 이전보다 커지고 중요성도 늘어나고 있다고 생각합니다. 티베트 문제도 마찬가지입니다. 중국이 침공해서부터 반세기를 넘기고 있습니다. 금후에도 중국과 대적해 가는 이상 우리가 선택할 수 있는 것은 인간의 의지, 즉 진리뿐입니다. 중국 정부에 의한 세뇌와 다양한 학살 행위, 선전 활동, 그리고 그들이 사용해 온 모든 수단에도 불구하고 오히려 진리는 진리인 채로 변하는 일이 없습니다. 지금 중국의 강대한 힘을 바탕으로 하는 선전을 믿는 사람은 거의 없습니다. 그들의 커다란 목소리는 신용을 잃고 우리의 약한 목소리가 신용을 얻고 있는 것입니다. 마하트마 간디나 마틴 루터 킹 주니어가 강조한 비폭력은 금세기 역사에 의해서 추인될 것입니다. 가령 모든 가공할 만한 무기를 가진 초강대국에 대항하는 것이라 할지라도 이 현실은 대적하는 나라에도 비폭력을 받아들일 수밖에 없는 상황을 만들어 낼 것입니다. 이 방법은 시간이 걸리는 것이지만 매우 유효한 것입니다.

잉그람 : 예하의 "다섯 가지 평화안" 속에 강력한 자연 환경 보호의 요소가 포함되어 있는 것을 훌륭히 평가하고 있습니다. 가령 우리가 자기 자신을 핵무기로 날려 버리겠다고 하는 것을, 혹은 대국이 소국을 멸망시키려고 하는 것을 막는다고 해도 지구상에는 지금 가공할 만한 속도와 정도로 생태 환경의 파괴가 진행되고 있습니다. 지구가 이 환경 위기를 돌파해야 한다고 생각합니다만, 그것이 가능하다고 생각하십니까?

달라이라마 : 어려운 질문입니다. 나도 모르겠습니다. 지구가 우리 자신의 집이고 지구 없이는 우리가 살아갈 수 없는 것은 분명합니다. 이것은 매우 확실합니다. 결국에 우리는 어머니인 지구의 자식이며 환경이나 생태계에 관해서는 우리가 지구의 운명을 좌우한다는 것은 분명합니다. 이것은 종교상·윤리상의 문제는 아닙니다. 우리 자신의 생존의 문제입니다. 나는 우리가 참으로 자연환경의 중요성을

이해하면 지금이라도 늦지 않다고 생각합니다. 적어도 그렇게 되기를 바랍니다. 경우에 따라서는 어떤 종류의 쾌적함을 희생해서 어느 정도까지 참아야 할지라도 자연환경을 보다 존중하지 않으면 안 되는 일도 있겠지요. 아직 늦지는 않았을지 모른다고 생각합니다만, 확실히는 모르겠습니다. 과학자 가운데는 상황이 매우 심각하다고 말하는 사람도 있습니다.

잉그람 : 예하께서 "다섯 가지 평화안"을 발표한 수 일 후, 중국은 티베트인들에게 보복을 자행했습니다. 당신이 평화를 위해서 발언했을 때조차 이러한 일이 일어날 수 있습니다. 이러한 일을 공개적으로 발언하는 것을 주저하는 일은 없습니까? 중국을 자극할 것 같은 것을 말한 때에도 보복을 걱정하지 않으십니까?

달라이라마 : "다섯 가지 평화안"이 공포된 것은 1987년 9월 말경입니다. 그때 중국은 부정적으로 반응하고 나를 반동주의자로 몰아붙였습니다. 이에 대항하여 티베트에서 시위가 일어났고 거기에 보복이 행해진 것입니다. 물론 우리는 매우 조심하고 있으며 걱정도 하고 있습니다. 표면적으로 폭력이 사용되거나 그렇지 않거나 간에, 기본적으로 티베트는 위기 상황에 있습니다. 나는 중국은 나름대로 문화 수준이 매우 높은 나라라고 생각합니다. 그러나 동시에 그들은 힘밖에 모릅니다. 진실을 이해하려 하지 않기 때문입니다. 그렇지만 나는

시간이 지나면서 좋은 방향으로 변화되어 갈 것이라고 생각합니다. 이 9년 사이에 좋은 변화도 일어났습니다. 실제 나의 스트라스부르 제안(유럽 의회에 "다섯 가지 평화안"을 보인 제안)의 기본적인 내용은 이 성명서가 미국에서 작성되기 전에 이미 중국 지도자에게 알려져 있었습니다. 망명정부의 대표는 굴복해서 이와 같은 기본적인 일을 중국정부에게 설명해 왔던 것이지만, 그들은 항상 우리의 입장을 무시해 왔습니다. 노골적으로 "당신들은 티베트 밖에 있다. 티베트 밖에 머물러 있으면 이런 제안을 할 권리가 없다."라고 말한 적도 있습니다. 중국인은 귀가 좋지 않기 때문에 우리 목소리가 들리지 않는 것입니다. 사람은 한 사람의 인간으로서 다른 사람에게 무엇인가를 표현하거나 말하고 싶어합니다. 이것은 완전히 논리적이며 보통의 감각입니다. 그러나 듣는 사람이 귀를 닫고 있으면 말해도 소용없습니다. 이야기를 듣고자 하는 사람이 있으면 무언가를 말하고 싶은 기분이 강해집니다. 중국 밖에서 티베트 문제에 관심을 갖는 사람들이 늘어나고 있습니다. 그러나 중국 친구의 귀가 너무 좋지 않기 때문에 큰 소리로 말해 자기 목을 쉬게 할 뿐입니다. 그것은 내가 이 제안을 북경에서가 아닌 중국 밖에서 행했기 때문입니다. 그러나 그 결과로 외압에 의해 최근 1년간의 중국의 우리에 관한 태도는 과거 9년 간에 비하면 긍정적인 것이 되었습니다.

———
달라이라마, 물음에 답하다
168

잉그람 : 그러나 티베트 내에서는 중국은 변함없이 억압적입니다.

달라이라마 : 예! 당면한 것은 그렇지요. 단기적으로는 작년부터 태도가 조금 더 후퇴했으며, 보다 경직적으로 되었습니다. 그러나 나는 티베트인 자신이 이러한 것에 대해서 굳건한 각오가 되어 있는 것을 매우 기쁘게 생각합니다. 중국의 가혹한 처사에도 불구하고 티베트인의 결의는 매우 강합니다. 어제 나는 작년(1987년) 10월 최초의 시위에 실제로 참가하였다가 수 일 전에 망명한 한 젊은 승려를 만났습니다. 나는 마음으로부터 그의 결의와, 시위에 참가한 사람들의 용기를 칭찬했습니다. 그러나 그에게 "당신은 정말로 중국인에 대해서 강한 분노를 느끼고 있습니까?"라고 묻자, 그는 울면서 이렇게 말했습니다. "예! 중국인에 대해서 매우 강한 분노를 느끼고 있습니다." 수 개월 전 나는 10세, 13세라고 하는 소년들도 몇 사람인가 만났습니다. 중국인의 차를 불태우는데 참가했다고 하는 소년도 망명했습니다. 그도 매우 강한 분노를 드러내고 있었습니다. 매우 슬픈 일입니다. 매우 슬픕니다.

잉그람 : 그러나 그것은 이해할 수 있습니다. 물론 간디나 킹 목사는 그들이 하고 있었던 일이 시기적으로 실제로 그들이나 그 지지자에 대한 폭력을 유발한다는 것을 알고 있었지만, 그들이 처한 상황에 대한 주의를 환기시키는 데는 그것도 필요하다고 생각하였습니다.

때로는 폭력은 폭력을 유발합니다. 예하는 지금까지 매우 많은 것을 잃었습니다. 친했던 많은 사람들을 잃고 그리고 물론 지금처럼 40년 가까이 고향 땅을 잃고 떠도는 상황에 직면해야만 했습니다. 당신에게는 비탄을 안겨준 장소가 있습니까? 우리는 모두 늦건 빠르건 깊은 슬픔과 만나지 않으면 안 됩니다만, 그 슬픔에 직면해 있는 사람들에게 무엇인가 말해 줄 것이 없습니까?

달라이라마 : 누군가를 잃는다는 것은 두 가지가 있습니다. 하나는 자연히 되어 가는 것입니다. 나는 최근 30년간 망명생활을 하고 있습니다. 그 사이에 어머니를 잃고 선생님을 잃고 형제를 잃었습니다. 그러나 이것은 자연스러운 것입니다. 오랜 친구가 없어지지 않는 한, 새로운 친구를 받아들이는 것이 불가능합니다.(웃음) 마찬가지로 불교의 실천자로서 이러한 종류의 상실은 자연의 일부라고 받아들이는 것입니다. 특별한 일이 아닙니다. 놀랄 필요가 없습니다. 때문에 그다지 슬퍼하지 않습니다. 물론 며칠인가는 누군가를 잃었다고 하는 뭔가 강한 감정이 존재합니다. 그러나 나중엔 그다지 남아 있지 않습니다. 또 하나의 상실은 비극의 결과, 재해의 결과 생겨난 것입니다. 우리는 나라를 잃고, 매우 많은 신뢰할 수 있는 멋진 마음을 가진 친구를 잃었습니다. 그것은 돌발적이며 우리의 힘으로는 어찌할 수 없는 일입니다. 그러나 우리의 경우 실제로 그와 같은 비극이 시작된 것이 1950년이었기 때문에 조금 씁쓸합니다. 이 비극에는 거

기에 이르기까지의 길이 있으며 그 과정에서 우리는 조금씩 상황에 익숙해져 갑니다. 실제로 이러한 비극이 일어나기 훨씬 전에 벌써 우리는 늦건 빠르건 이러한 일이 반드시 일어난다는 것을 확신하고 있었습니다.

잉그람 : 최악의 사태를 상상해 보셨습니까?

달라이라마 : 예! 물론 매우 슬프다고 생각할 때도 있습니다. 이보다 더 많은 티베트인들도 비참한 상황에서 공포에 노출되어 있음에도 불구하고 우리를 이렇게도 신뢰하며 이렇게도 우리에게 기대를 하고 있다는 것을 들으면, 더욱 슬퍼집니다. 이 일은 우리에게 무거운 책임을 던져주고, 때때로 나를 슬프게 합니다. 우리에 대한 신뢰와 기대는 너무 크며, 여기서는 정말 조금밖에 그것에 대응할 수 없습니다. 매우 많은 제약이 있습니다. 우리는 가능한 일은 하고 있으며, 가능한 한 최대한의 열의를 가지고 노력하고 있습니다. 우리가 달성할 수 있는지 없는지는 별개의 문제입니다.

잉그람 : 예하께는 대등하게 사귈 수 있는 동료라고 생각하는 사람이 있습니까? 정말로 편안하게 자신을 드러낼 수 있는 상대가 있습니까?

달라이라마 : 예! 물론이지요. 나는 대개 모든 사람이 대등한 친구라고

생각합니다. 마음을 열고 정직하고 성실하게 대하면, 간단히 친밀한 기분이 된다고 생각합니다. 이것과는 반대로 개방적이지 않고 형식에 사로잡혀 있으면 친하게 되는 것은 어렵습니다. 보통 나는 매우 개방적인 성격입니다. 이것은 매우 형편이 좋은 것이지요.

잉그람 : 예하가 만일 티베트의 종교적 정치적 지도자의 입장이 아니었다면 다른 종류의 사회 행동주의 입장을 취했을 거라고 생각합니까? 그렇지 않으면 수도원에서 한 사람의 승려로 조용한 생활 방식을 택했을 거라고 생각하고 있습니까?

달라이라마 : 지금의 나는 만약 내가 달라이라마가 아니었다면 수도원이나 어딘가 사람의 마을과 떨어진 곳에서 좀 더 깊은 명상을 하고 있을 거라고 생각합니다. 20대, 30대, 40대 때는 종교적 실천을 행하고 싶다는 열의가 매우 강했습니다. 이러한 생각은 부처님의 가르침에 접하거나 불교에 관한 지식을 얻은 결과 생겨난 것입니다. 그러나 만일 내가 태어난 곳에서 살며 농부인 채로 살아간다면 그 결말은 나도 모릅니다. 내가 태어나자 바로 아버님이 나를 수도원에 넣어 승려가 될 것을 결정했습니다. 그러나 환경이 달라진다면 나는 기계에 많은 흥미가 있기 때문에 아마도 어떤 분야의 기술자가 되어 있겠지요.

잉그람 : 예하는 티베트에 돌아가는 것에 대해서 말씀하고 계시지만, 살아 계신 동안에 티베트에 돌아갈 거라고 생각하십니까?

달라이라마 : 그렇게 생각합니다. 그러나 그 일은 그렇게 중요하지 않습니다. 가장 중요한 것은 자유입니다. 지금까지 말해 온 것처럼 달라이라마이면서 일개 승려 텐친 카쵸이며, 나는 티베트인이나 그 밖의 사람들을 위해 내가 할 수 있는 일을 실천해서 사람들에게 공헌할 자유를 갖고 싶습니다. 때문에 티베트 밖에 있는 편이 그런 기회가 많다고 생각되면 나는 밖에 있을 것입니다. 같은 정도의 기회가 주어진다면 나는 티베트에 돌아갈 것입니다. 거기가 티베트건 중국이건 말입니다. 중국은 매우 아름다운 나라입니다. 게다가 중국인에게 불교는 익숙하지 않은 새로운 것이 아닙니다. 전통적으로 불교를 신앙하는 중국인은 많습니다. 불교 사원은 모두 새롭고 불교에 접하는 것이 전혀 새롭다고 하는 서양의 나라들과는 달리, 중국에는 오래 전부터 많은 불교 사원이 있습니다. 나는 만일 중국인이 불교를 접하고 불교를 배우고 실천할 자유스런 기회가 주어진다면 많은 젊은 중국인이 불교를 택할 것이며 그들에게 유익할 것이라고 생각합니다. 이러한 기회가 주어진다면 물론 나는 기꺼이 거기에 도움이 될 생각입니다. 중국인도 같은 인간이기 때문이지요. 내가 정말로 관심이 있는 것은 그러한 가능성의 싹을 잘라 버리는 사태가 일어날 것인지 아닌지 하는 것입니다. 가령 티베트 또는 중국에 돌아간다고

해도 그 때문에 곤란한 사태를 야기해 사람들을 도울 수 있는 기회를 잃어버리게 된다면 돌아가는 것은 의미가 없는 일입니다.

잉그람 : 당신은 다음 달라이라마가 나타날 것이라고 생각합니까?

달라이라마 : 지금 시점에서 대답하는 것은 어렵습니다. 금후 10년 내지 20년 동안에 결정되겠지요. 나는 티베트인은 지금도 이미 달라이라마의 존재를 바라고 있다고 생각합니다. 실제로 이것은 나와는 관계가 없는 일이지만, 티베트 사람이 다음 달라이라마를 바란다면 달라이라마는 나타나겠지요. 만일 상황이 변해서 티베트인 대부분이 달라이라마에 관심을 기울이지 않는다면 나는 최후의 달라이라마가 될 것입니다. 그것을 결정하는 것은 내 일이 아닙니다. 지금 다섯 살이나 열 살 정도의 티베트인이 결정할 일입니다. 2, 30년 안에 내가 죽었을 때, 그들이 결정할 것입니다.

잉그람 : 꼭 오래 사십시오.

달라이라마 : 나는 110세부터 123세 정도까지는 살도록 되어 있습니다. 그러나 그렇게 오래 살지 못할지도 모릅니다. 90세, 아니 80에서 90세 사이 정도까지는 되지 않을까요? 그때 나는 이미 무용지물, 특히 가치 없는 한 사람의 과거의 달라이라마가 되겠지요.

14_ 달라이라마 법왕 특별인터뷰

- 1995년 3월 14일, 달라이라마 법왕궁에서

최평규 · 석금담 스님

14_ 달라이라마 법왕 특별인터뷰

최평규 : 법왕께서는 조국 티베트와 국민들의 안녕과 평화를 크게 걱정하시면서 동분서주하고 계시는데, 마침 한국의 가장 큰 불교 종단인 조계종에서 현재 '깨달음의 사회화 운동'을 벌이고 있습니다. 그중 '세계는 하나'라는 중점 사업 목표 중 한 가지가 인도주의 차원에서 티베트 독립 운동을 지원하는 사업입니다. 조계종단과 한국 불교계 지도자들이 티베트 문제에 깊은 관심을 가지고 있다는 점에 대해 법왕께서 한 말씀을 해 주신다면?

달라이라마 : 티베트는 전략상으로 중앙아시아의 중요한 위치에 있고 또한 아시아의 가장 중요한 두 나라인 인도와 중국 사이에 놓여 있습니다. 만일 티베트에 평화가 계속되어 왔다면 티베트는 아시아에서 주변국들에게 이익을 가져다 주는 나라가 되었을 것입니다. 그러나 티베트는 지금과 같이 군사적인 요충으로 무장이 강화되고 특히 핵기지로 변해 버려서 이 지역뿐 아니라 여러 지역에 심각한 위험과 불안정한 상황을 자아내고 있습니다. 이러한 위기 상황을 반전

하기 위해서는 우선 모든 아시아의 나라들과 세계 모든 국가는 자유로이 티베트 문제에 관하여 거론하고 염려할 수 있어야 한다고 봅니다. 나는 한국의 불교도들이 티베트의 고통스런 문제에 관하여 관심과 걱정을 하고 있다는 점에 대해서 매우 고맙게 생각하고 또한 기쁘게 생각합니다. 한국은 불교도들이 많은 나라입니다. 따라서 티베트 문제는 세계의 많은 불교도들과 더불어 한국의 불교도들에게도 주요한 관심의 대상이 된다고 봅니다. 티베트의 자유는 불교의 가르침이 계속해서 보장되어야 한다는 점입니다. 우리 모두는 티베트에서 자유가 상실됨으로써 불교의 많은 유산들이 상처를 입고 파괴되는 것을 보아 왔습니다. 그러므로 한국의 불교도들이 보여준 티베트에 대한 협조와 걱정은 아주 이성적이면서 필요한 것이라고 생각합니다. 예전 티베트의 여러 불교 왕조(王朝) 시대에 티베트와 한국 사이에는 역사적인 교류 관계의 실례가 많았다는 것을 몇 명의 티베트 고승들의 저술 가운데서 알 수 있는데 그 대표적인 분이 신라의 원측(圓測) 스님이십니다. 처음에 원측 스님은 일부 티베트 문헌에 중국 출신의 학승으로 언급되어 있기도 했지만, 나중에 원측 스님은 중국의 학승이 아니라 한국(613~696, 중국에서 활약한 신라 출신의 유식학(唯識學) 승려)의 고승으로서 중국에 머무셨다는 것을 알게 되었습니다. 한국의 학승이었다는 것이 확인된 것은 참으로 다행한 일이었습니다. 이렇듯이 우리의 과거 역사나 문화 교류의 관점에서 볼 때 한국 불교도들이 티베트 문제에 관심과 염려를 보내는 것은 매우 당연한 일이라고 생각합니다.

석금담 스님 : 법왕께서는 인도에 망명정부를 수립하여 머물고 계시면서 전 세계 수십 개국을 방문하셨습니다. 법왕께서 그간 활동하신 것 중 한국과 관련된 몇 가지를 소개해 주세요.

달라이라마 : 과거에 티베트 대장경 카규르(kagyur)을 동국대학교에 기증한 바 있습니다. 부처님의 직설(直說)인 이 카규르 대장경은 불교의 모든 가르침의 근본 자료입니다. 이 대장경의 기증이 내가 최초로 한국과 티베트 불교학자 간의 가치 있는 경험의 교류가 되기를 희망하며 취했던 사항이었습니다. 나중에 몇 명의 티베트 라마와 '린 린포체'(14대 달라이라마의 前 스승)를 포함한 티베트 고승들이 한국을 방문한 바 있습니다. 한국에서도 몇 명의 학생들이 티베트의 불교와 문화에 관심을 갖고 이곳 인도의 다람살라에 왔었고 지금도 계속해서 이곳에 오고 있습니다. 이런 연결들은 한국과 티베트 간에 참신하고 보다 깊은 문화 교류가 다시 시작되고 있는 현상이라고 보고 있습니다. 점진적으로 언어 문제 등이 극복됨에 따라, 보다 가치 있는 교류가 곧 있게 될 것이라는 큰 희망을 갖습니다. 티베트인들은 한국 불교도들과 공유할 문화적 유산과 경험이 많다고 생각되기 때문에 앞으로의 교류에 큰 기대를 걸고 있습니다.

최평규 : 법왕께서는 1959년 이래 '불살생' 또는 '비폭력주의' 로 티
베트 독립운동을 해 오셨으며, 그 업적을 인정받아 1989년 10월 '노
벨 평화상'을 수상하셨습니다. 부처님의 가르침이라고 할 수 있는
'불살생' 이나 '비폭력주의' 가 현대 국제 사회에서 어떤 의미가 있
는지 말씀해 주신다면?

달라이라마 : '아힘사(ahiṃsā,不殺生,무저항)' 또는 '비폭력' 은 단순히 저
항이나 폭력이 없는 상태를 의미하는 것은 아닙니다. 만일 그렇다
면, 대개 몇몇 나라들에게 비폭력이라는 것이 단순히 어떤 폭력으로
부터 벗어나는 것을 의미한다고 볼 수도 있습니다. 그러나 나의 폭
력에 대한 이해는 단순히 폭력적인 상황에서 벗어나는 것이 아니라,
폭력 사상과 무자비한 행위에 의하여 상처를 주고 부정적인 결과에
초래하는 것의 포기라는 점을 강조하고자 합니다. 다시 말해서 순수
한 자비심에서 동기가 된 하나의 행위와 노력이 바로 '아힘사' 또는
'비폭력'의 참된 뜻이라고 할 수 있겠습니다. 오늘날의 현실 세계의
일반적인 관심에서 볼 때, 나는 비폭력운동의 실행이야말로 인간의
본성을 회복하는 가장 적합한 길이라고 생각합니다. 선(善)과 자비(慈
悲)는 인간의 본성입니다. 선과 자비의 본성이 비폭력이기 때문에 비
폭력은 바로 우리 인간의 본성입니다. 폭력 행위는 인간 본성에 어
긋나는 행위입니다. 인간이 보다 자기 본성에 가까워졌을 때 인간으
로서 완전하고 당연한 존재가 될 수 있습니다. 특히 우리는 상호 의

존의 진리를 망각하면서 온전한 삶을 살 수는 없는 것입니다. 한쪽 사람들은 다른 쪽 사람들과 공존하면서 삶과 생을 영위한다는 것을 인식해야 합니다. 이것은 불변의 진리입니다. 이런 진리를 바로 인식한다면 이데올로기나 제도가 다르다고 해서 한쪽의 생존이 다른 쪽의 도움과 협력에 달려 있지 않다고 말할 수 있겠습니까? 어떤 한쪽의 관심과 행복은 다른 쪽과 무관하지 않고, 상호 의존하고 있다는 것이 바로 진실 그대로인 현실 세계입니다. 이것은 지극히 상식적이면서도 보편타당한 책임감을 향상시키는 중요한 일입니다. 우리는 우리와 아무 관련이 없는 어떤 단체나 개인에게 해를 가해서도 안 됩니다. 그런 사회나 국가가 존재하지 않을 때, 아힘사는 자연히 이 세상에서 가장 적합하고 온당한 삶의 길이 될 것입니다. 끝으로는 만일 우리가 폭력주의를 따른다면 폭력은 전쟁과 생명의 파괴로 끝이 날 것입니다. 전쟁과 파괴가 극에 달할 때 등장할 고도의 핵무기의 가공할 파괴력은 우리의 상상을 초월할 것입니다. 이러한 관점에서 볼 때, 비폭력의 길을 가고 수행하는 것은 매우 중요한 일이라고 생각합니다. 만일 우리가 비폭력의 길에 관심을 기울이지 않고 폭력의 길을 따른다면, 그때는 아무도 폭력으로부터 벗어날 수 없을 것입니다. 그러므로 아힘사 또는 비폭력 사상은 전적으로 우리가 살고 있는 지금 이 세계와 깊이 관련되어 있는 것입니다.

석금담 스님 : 법왕님의 자서전 *My Land and My People*에서 "우리 불교도들은 모든 존재들이 윤회한다는 것을 믿으며, 완전한 성불을 향하여 여러 삶을 통해 노력해야 한다."고 말씀하셨습니다. 법왕께서 말씀하시는 '윤회', '열반' 그리고 '성불'의 의미를 간단히 설명해 주실 수 있는지요?

달라이라마 : 삼사라(輪廻轉生)는 단순히 어떤 장소나 육신의 변화만을 지칭하는 것이 아닙니다. 카르마(業)와 미혹(迷惑)으로부터 야기된 하나의 생명이라고 보는 것이 타당합니다. 카르마와 미혹에 의한 윤회전생은 뿌리 깊은 미혹을 단절시킴으로써만이 해탈할 수 있습니다. 일반적으로 세 가지의 미혹(탐욕 · 성냄 · 어리석음)과 궁극적 무명(無明) 또는 무지(無知)는 무아(無我)의 힘이나 또는 우리의 모든 의식의 근저인 장식(藏識)에 저장된 모든 미혹을 멸제(滅諦)한 상태인 공도(空道)에 의하여 단멸될 수 있는 것입니다. 이 여여(如如)하고 번뇌(煩惱)가 소멸된 청정심을 니르바나(열반) 또는 자유의 상태인 해탈이라고 하는 것입니다. 오염된 염심(染心)의 정화된 상태인 니르바나를 정각(正覺)이라고 하고 또는 성불(成佛)이라고 합니다. 청정한 마음을 방해하는 일점의 장애가 영원히 단멸되고 미혹과 번뇌가 단절되었을 때 우리는 그것을 정등각(正等覺)을 성취했다, 또는 성불했다고 말합니다.

최평규 : 세계 여러 곳에서 전쟁과 폭력과 갈등이 끊이지 않고, 또한

환경보호운동이 강력히 요구되고 있습니다. 법왕께서는 세계 평화와 인간 존중과 환경 보전을 위해 불교도들이 어떻게 해야 한다고 생각하십니까?

달라이라마 : 불교 교리는 자비에 뿌리를 두고 있고, 우리는 스스로 수행해야 하며, 다른 사람들에게 자비와 생명 사랑의 덕을 전해야 합니다. 자비와 생명 사랑의 실천은 모든 평화의 뿌리가 됩니다. 불교 교의의 독특한 수승함은 이런 좋은 선덕(善德)을 가르침으로써 형성된 것이라고 봅니다. 불교 교리의 핵심은 또한 자비와 생명 사랑의 실천입니다. 그렇게 자비와 생명 사랑에 대한 가르침을 널리 펴는 것을 통하여 세계 평화를 위해 노력하는 것은 매우 중요하다고 생각합니다. 분노와 질투 같은 세속적인 걱정과 번뇌를 최소화하고 제거함으로써 정신적 평화와 행복을 추구하는 것을 나는 내적 비무장이라고 부르고 싶습니다. 다른 한편으로는 외적 비무장을 통한 외적 폭력을 줄이는 노력을 기울여 내적 비무장 운동과 상호 연계하여 함께 수행·실천해야 한다고 생각합니다. 이것은 단지 불교도들의 책임일 뿐만 아니라 모든 인류의 책임이라고 하지 않을 수 없습니다. 인간과 환경 문제는 단지 인간만을 위해서가 아니라 살아 있는 일체 중생을 위하여 생명 사랑과 자비가 구현되어야 합니다. 일체 만물은 행복을 추구하고 고통을 싫어합니다. 이것은 모든 존재의 유일무이한 정체적 상황(正體的 狀況)입니다. 만일 우리가 이러한 문제에

관심과 걱정을 진전시킨다면 환경 보호의 대안은 자연스럽게 실행될 것입니다. 우리가 살아 있는 모든 종(種)의 안전과 행복에 관하여 걱정한다면 수자원 보호나 식물의 생명체 등에 관하여도 자연히 걱정하게 될 것입니다. 지구의 환경은 우리 모두의 가정과 같습니다. 만일 우리가 가정을 훼손하고 어떤 상처를 입힌다면 우리는 끝내 고통을 받는 당사자가 될 것입니다. 한 인간이 가정을 보호하듯이 우리 자신의 이익과 관심을 위해서 우리의 환경을 보호해야 합니다.

최평규 : 흔히 불교는 정치와 거리가 먼 종교라고 합니다. 그런데 법왕께서는 종교와 정치적인 문제를 포함하여 티베트 왕국의 최고 지도자이십니다. 법왕께서는 불교와 정치와의 관계를 어떻게 보십니까? 그리고 불교 지도자나 정치 지도자의 역할과 책임에 대하여 말씀해 주실 수 있는지요?

달라이라마 : 대개 나는 종교 제도를 종교 교의와는 구별하여 생각합니다. 불교 교의를 생각할 때, 불교사상은 제도와의 관계가 정치적으로 잘 공존하고 있다고 보고 있습니다. 사실 나는 종교 제도와 교리가 정치적으로 공동 보조를 취하고 공존해야 한다고 생각합니다. 정치란 또한 인간 행위와 활동의 한 부분입니다. 불교에서 보더라도 우리가 제도적인 것과 무관하게 걷고 먹고 자고 하는 것이 아닙니다. 반면에 우리가 단순히 세속적 삶의 습관을 유지하기만을 바란다

면 이것은 종교적 수행과는 관계가 없습니다. 공공사회를 위해서 교육과 건강 활동에 종사하고 봉사하는 것은 결국 정치적 행위라고 하지 않을 수 없습니다. 그러므로 어떤 사람들이 이런 것을 순수한 동기에서 한다면 그들은 종교 수행도 아울러서 하는 것입니다. 특히 만일 어떤 종교적 마음을 가진 사람들이 정치나 재정 문제에 개입하여 순수한 동기와 진실성으로 일을 한다면 이런 사람들은 관련 단체에 큰 기여를 하게 될 것입니다. 다른 한편, 똑같은 업무에 종사하는 사람들이 정신적인 훈련에 대한 기초가 없다면 그들은 그들 자신의 이익을 위하여 공동체에 부정과 큰 해를 끼치는 일에 빠져들기 쉬운 것입니다. 그러므로 내 생각으로는 윤리의 근본 표준이 인간 활동의 모든 영역에 필요하다고 봅니다. 그리고 종교적 가르침은 윤리의 원리로서 중요한 원천이 된다고 생각합니다. 이렇게 볼 때 종교와 정치는 함께 갈 수 있고 또 함께 가야 한다는 것이 저의 소신입니다. 그렇지만 제도를 생각건대, 종교 제도상의 수장(首長)이 정치 제도상의 장(長)이 되어야 한다는 것은 잘못이라고 생각합니다. 종교 제도의 장(長)과 정치제도의 장(長)은 분리되어야 하고 그 특성이 다르다고 봅니다. 정치적인 책임을 갖고 있는 한 종교인으로서 나의 개인적인 경험에 따르면 마음 한 구석에서 어떤 단체의 한 부분이라는 어떤 생각이 떠오를 때 나는 나의 종교적 신념의 도움으로 즉각 그 생각을 막을 수 있었습니다. 세속적인 문제에서 다양한 경험을 통해서 나는 깊은 종교적 경험을 얻을 수 있었고 종교적 경험을 더욱 신장시킬 수 있었습니다. 세속을 벗어난 장소에서 종교적인 수행을 배제한 채 살아가는 어떤 은자(隱者)는 세속의 문제를 해결하는 방법은 잘 모를 수 있을 것입니다. 성냄이나 탐욕과 같은 인간적 걱정과 번뇌가 이 세상에 큰 장애와 문제를 야기한다고 생각하지 않을 수도 있는 것입니다. 그러나 예외도 있는데 예컨대 내 경우에는 종교적 경험이 세속적 업무에 많은 도움을 주고 있습니다. 또한 이런 세속적 업무에서의 나의 경험은 나의 종교적 수행이 크게 신장되는 데 도움을 주고 있다고 생각합니다.

석금담 스님 : 많은 한국 불교도들이 오래 전부터 법왕님을 뵙기를 기대하고 있습니다. 법왕께서는 전 세계 40여 개국 이상을 방문하셨습니다. 그러나 아직 한국은 방문을 하지 않으셨습니다. 법왕께서 가까운 장래에 한국을 방문할 계획이 있으신지요? 만일 계획이 있으시다면 언제쯤 방문하실 수 있는지요?

달라이라마 : 오래 전부터 한국 방문을 원해 왔습니다. 한국의 많은 법우(法友)들도 원했고, 지금도 나의 방문을 원하고 있습니다. 그렇지만 여러 가지의 사정으로 인하여 지금까지 실행에 옮겨지지 않고 있습니다. 나는 정말 한국의 법우들과 불자들을 만나고 싶습니다.

석금담 스님 : 한국 불교와 티베트 불교는 교리와 전통에 약간 차이가 있습니다. 그 차이를 말씀해 주실 수 있는지요?

달라이라마 : 티베트 불교는 설일체유부(設一切有部)의 승원(僧院) 전통(律)으로 구성되어 있습니다. 내면의 수행으로서는 일반 대승불교의 전통인 보살승(菩薩乘)과 탄트라야나(密敎)의 비밀 전통입니다. 우리는 한국이나 일본과 함께 일반적인 대승불교의 전통입니다. 그렇지만 티베트에 널리 퍼져 있는 탄트라야나의 높은 단계에서(아누타라요가·탄트라) 볼 때, 한국이나 일본에는 탄트라야나 전통이 전파되어 있지 않는 것으로 나타나고 있습니다. 따라서 이것이 티베트 불교와 한국 불교의 중요한 차이점이라고 생각합니다.

최평규 : 법왕께서 불교계의 최고지도자로서 세계 불교도의 단합과 인류 역사의 진전에 기여해 주시기를 바란다면?

달라이라마 : 나는 스스로 꿈속에서도 내가 평범한 승려라고 언제나 생각하고 있습니다. 지금 나 자신 이상의 그 어떤 존재라고 생각하지 않습니다. 한 인간으로서, 위대한 스승 불타 석가세존의 한 추종자로서 나는 진심으로 일체 중생의 안녕을 위하여 일하기를 원하고 불법 홍포에 전력하는 것입니다. 이것 말고는 나는 다른 어떤 것에 대한 아무런 바람도 없습니다.

석금담 스님 : '한국티베트불교친선협회'가 양국 사이에 종교와 문화
교류를 위해 1993년에 창립되었습니다. 이 협회를 통하여 상호 이해
와 친선을 도모하리라 믿습니다. 법왕께서 이 협회 활동에 관하여
한 말씀해 주시면 감사하겠습니다.

달라이라마 : '한국티베트불교친선협회'가 이미 창설되어 활동을 잘
하고 있는 사실을 알게 되어 기쁩니다. 세계 여러 다른 나라들과 티
베트 사이에 비슷한 문화와 친선협회가 다수 있습니다. 또 티베트의
문화와 티베트 문제에 관심을 갖는 많은 사람들이 증가하고 있습니
다만, 나는 특히 한국의 법우들이 티베트에 보여준 관심과 염려에
대해 기쁘게 생각합니다. 티베트 국민, 문화와 종교는 지금 매우 어
려운 상황에 처해 있습니다. 우리는 지금 바로 이런 어려움을 해결
해야 할 입장이고 또 이것은 마땅히 그렇게 해야 할 정당한 이유를
갖고 있습니다. 다른 나라의 국민들과 마찬가지로 우리는 또한 우리
문제를 해결하고 극복하기 위해 분투할 권리를 갖고 있습니다. 지금
도 우리의 정당한 권리와 진실을 격려하고 도와준 모든 사람들에게
호소하는 바입니다. 한국의 법우들이 우리 문제에서 도움이 될 수
있게 되기를 바랍니다.

최평규 : 마지막으로 법왕께서 한국 불교도들을 위하여 특별히 전하
고 싶은 말씀이 있으시다면?

달라이라마 : 한국의 많은 고승대덕들은 과거에 한국에서 불교 교학 진흥을 위해서 많은 일들을 했다고 생각합니다. 지금의 한국 불교도들은 선조들에 의하여 전해 내려온 이런 정신적인 유산을 계속 보존할 수 있도록 노력해야 한다고 생각합니다. 나자신을 포함한 티베트의 불교도들은 우리 선조들이 남긴 전통의 보존과 계승을 위하여 많은 노력을 기울이고 있습니다. 한국의 불교도들도 필히 그렇게 해야 한다고 생각합니다. 세계 다른 불교의 전통과 교류하고 친선을 유지하는 것은 매우 중요합니다. 과거의 티베트는 다른 나라들과 별로 접촉이 없었습니다. 이것은 우리에게 많은 비용을 치르게 했습니다. 나중에 나는 망명 후에 다른 종파나 전통의 불교도와 비불교도, 그리고 타 종교 전통들과의 교류에 특별한 관심을 갖게 되었습니다. 그런 창조적인 일들은 많은 도움이 되고 가치 있는 일이었습니다. 한국 불교도들도 또한 이런 식의 관계에 관심을 갖는다면 그것은 한국 불교를 위해서도 매우 유익한 것이 되리라고 생각합니다.

15_ 티베트 불교사 요약

최평규

티베트 불교는 인도 불교 1,600년의 유산을 그대로 계승한 종교입니다. 그 가운데는 설일체유부의 엄격한 계율, 인도 논리학의 정밀한 체계, 대승불교의 광대한 사상과 고도의 철학, 그리고 밀교의 심원한 명상의 실천 체계 등이 살아 있는 가르침으로 면면히 계승되고 있습니다. 특히 인도의 후기 대승불교, 후기 밀교는 중국이나 한국, 일본에 전해지지 않았기 때문에 이들 가르침의 흐름을 지금까지 전해 온 티베트 불교의 존재는 매우 귀중한 것이라고 할 수 있습니다.

티베트 불교

티베트 사람들이 목숨을 걸고 지켜온
주옥 같은 가르침의 등불이
꺼지지 않게 하기 위해서

불교는 기독교, 이슬람교와 함께 세계 3대 종교의 하나라고 불리고 있습니다. 그러나 현대의 세계지도를 보면, 불교 신앙이 지금도 살아 있는 지역이 별로 많지 않다는 것에 놀라게 됩니다. 교조이신 석존의 나라인 인도에서는 어느 정도의 번영을 누렸던 불교도 13세기 이래 오랫동안 법등이 끊어지다시피 되고 말았으며, 금세기에 들어서 겨우 부활의 움직임이 보이는 상황입니다.

인도에서 불교의 가르침이 전해진 아시아의 광범위한 나라에서도 어느 곳에서는 다른 종교의 힘에 압도되거나, 어느 곳에서는 현대문명의 파도에 묻히고, 또 어느 곳에서는 국가권력에 의한 조직적인 파괴에 시달리고 있습니다. 티베트 불교는 그중에서도 국가권력, 그것도 침략자인 외국의 권력에 의해 괴멸적인 타격을 입고 있는 대표적인 사례입니다. 여기서는 그 역사와 현황을 개략적으로 정리해 보고자 합니다.

1. 불교의 티베트 전래

티베트에 불교가 처음 전래된 것에 대해서는 여러 가지 전설이 있지만, 그 시기는 주로 라트트리 넨센 왕 시대라고 되어 있습니다. 7세기 중반, 손첸 감포 왕(松贊干布, 605년경~649년) 시대가 되면 티베트의 국력은 충실해지고, 위풍당당한 강국으로서 역사의 무대에 등장합니다. 당나라 문성공주(文成公主, ?~680년)와 네팔의 티즌 왕녀가 티베트의 왕에게 시집을 올 때, 각각 본국에서부터 불상을 가져와서 이 불상을 안치하기 위해 라사에 조캉사(大昭寺, Jokang) 등을 건립했다고 합니다. 이후 문성공주가 가져 온 조캉사의 본존 석가모니불은 티베트에서 가장 신성한 석존상으로 숭배되어 지금도 순례자가 끊이지 않고 있습니다.

보다 본격적인 불교의 전래는, 5대 후인 티송 데첸 왕(墀松德贊, 742~797) 시대, 8세기 후반부터라고 되어 있습니다. 왕은 인도 나란다의 대승원의 장로인 불교철학의 거장 샨트라크시타와 밀교의 대아사리 파드마삼바바를 티베트에 초청해서 삼예 지역에 대승원을 건립했습니다. 이후 수십 년 동안의 역대 왕은 불교를 깊이 신앙하여 국가적인 불전 번역 사업을 진행하였습니다. 그 결과, 후대에는 엄청난 양의 티베트 대장경이 성립되어, 오늘날에도 세계의 불교 연구자에게 귀중한 자료가 되고 있습니다. 역경은 매우 정확한 직역으로 행해졌기 때문에 산스크리트 원전의 많은 부분이 없어진 지금 티베트 대장경의 가치는 갈수록 높아지고 있습니다.

2. 암흑시대와 불교의 부활

9세기 중반, 랑다르마 왕(郞達瑪, 809~846)이 즉위하면서 배불 정책을 써서 불교를 철저히 탄압했습니다. 승원은 파괴되고, 출가승은 강제로 환속되는 등 불교는 헤아릴 수 없는 타격을 받았습니다. 이것은 실로 현재의 상황–주변국에 의한 점령하에서의 조직적인 종교와 문화의 파괴–을 제외한다면 티베트 불교 역사상 최대의 법난이라고 할 수 있습니다. 란 다르마 왕은 결국 암살되고 그와 동시에 티베트 고대왕국은 붕괴되고 정치적으로도 종교적으로도 혼란이 계속되는 암흑시대가 도래합니다.

그러나 불교의 가르침은 재가 행자에 의해서 계승되고, 또 변방에서는 승원 계율의 전통도 계승되고 있었습니다. 이처럼 지하수맥과 같이 암흑시대를 살아남은 티베트 불교는 이윽고 역경승 린첸 상포로 대표되는 부흥운동의 시대를 맞이하게 됩니다.

11세기는 티베트 불교의 새로운 태동의 시기였습니다. 인도 후기 불교의 총본산 비크라마실라사(寺)의 좌주(座主)인 아티샤를 티베트로 초청하여 다양하게 전해진 불교의 가르침을 정리한 하나의 체계를 만들어서 이후 티베트 불교의 조류를 정한 것입니다. 또 마르바 역경사처럼 티베트 쪽에서 인도에 유학을 간 사람도 많아서 최신의 불교사상이나 후기 밀교의 전승이 차차 티베트에 들어오게 되었습니다. 뒤에 서술할 티베트 불교의 4대 종파(닝마派, 카담派, 카규派, 시캬派) 가운데 카담, 카규, 사캬의 3파가 성립된 것도 이 11세기 후반의 일입니다.

3. 인도 불교의 전통을 이어받은 티베트 불교

그런데 이 시기, 불교의 본가인 인도에서는 힌두교의 신장과 함께 불교는 쇠퇴의 길로 접어들고 있었습니다. 그리고 더욱이 이슬람 세력의 침입을 당하여 마침내 13세기 초에 비크라마실라사(寺)의 파괴를 계기로 인도 불교의 법등은 꺼지고 말았던 것입니다. 당시의 대(大)학승인 샤캬슈리바드라는 이 법난을 피해서 티베트에 들어와 인도 불교도가 약 1,600년에 걸쳐서 발전시켜 온 여러 가지 가르침을 티베트에 전했습니다. 불교의 초전 이래 티베트가 그 흡입에 힘을 쏟아 온 약 400년간의 시대야말로 인도 불교가 쇠퇴·멸망해 온 과정과 겹쳐진 것으로 이 샤캬슈리바드라가 보여주는 것처럼, 인도를 뒤따른 부처님 가르침의 흐름이 그대로 히말라야의 준령을 넘어서 티베트에 안주할 곳을 찾았다-라고 말할 수 있겠지요. 티베트 불교는 그러한 운명을 등에 업고 성립된 종교입니다.

가끔 티베트 불교를 칭해서 '라마교'라고 하는 경우도 있습니다. 티베트 말로 라마란 '존경하는 스승'이란 의미로, 티베트 불교에서는 특별히 스승을 존경하는 것에서 이러한 호칭이 붙었다고 생각합니다. 그러나 '라마교'라고 하면 왠지 불교와는 다른 종교라는 이미지가 생기기 때문에 티베트 불교도가 스스로 이 호칭을 쓰는 일은 없습니다.

지금까지 말한 것처럼 티베트 불교는 인도 불교 1,600년의 유산을 그대로 계승한 종교입니다. 그 가운데는 설일체유부의 엄격한 계율, 인도 논리학의 정밀한 체계, 대승불교의 광대한 사상과 고도의 철학, 그리고 밀교의 심원한 명상의 실천 체계 등이 살아 있는 가르침으로 면면히 계승되고 있습니다. 특히 인도의 후기 대승불교, 후기 밀교는 중국이나 한국, 일본에 전해지지 않았기 때문에 이들 가르침의 흐름을 지금까지 전해 온 티베트 불교의 존재는 매우 귀중한 것이라고 할 수 있습니다.

4. 티베트 불교의 성장

이렇게 해서 인도 불교를 계승한 티베트에서는 4개의 중요한 종파가 성립되었습니다. 불교가 처음 전래된 이래의 오랜 전통을 계승한 종파를 닝마파라고 하고, 그 교의는 14세기 중엽의 대(大) 학승 안론첸파에 의해서 집대성되었습니다. 닝마파의 주요한 승원으로 중앙 티베트의 민뒤루린사·도루젠탁사, 캄지방의 카특사·시첸사·족첸사 등이 있습니다.

11세기 중엽에 티베트에 들어온 아티샤의 가르침을 따른 종파를 카담파라고 합니다. 카담파에서는 인도에서 새로운 불교철학을 적극적으로 도입한 중앙 티베트의 산프 승원 등을 중심으로 연구를 거듭해 티베트 불교사상의 발전에 기여했습니다. 또 라덴사 등에서 새로 전래한 후기 밀교에 기초한 수행도 행해졌습니다.

14세기 후반에서 15세기 전반에 활약한 대 학승인 총카파는 카담파의 사상을 중심에 둔 불교의 모든 가르침을 모순 없이 재구성하여 현교(顯敎)와 밀교(密敎)에 걸친 교리와 실천의 일대 체계를 정리했습니다. 이 총카파의 가르침에 따른 종파를 겔룩파라고 하고 카담파는 겔룩파에 흡수된 형태를 취하게 됩니다. 후대의 달라이라마와 판첸라마는 총카파의 제자의 전생활불(轉生活佛 : 환생을 거듭해 부처로 태어나는 것)이라고 합니다. 겔룩파의 주요한 승원으로는 라사 근교에 세워진 간텐사·세라사·테픈사의 3대 사원, 시가체의 타시룬포사, 암도 지방의 쿤붐사·군룬사·라프란사·타시킬라사 등이 있으며 또 밀교 전문대학으로서 규메사·규되사 등이 있습니다.

인도에 유학한 마르파가 가져온 가르침에 따르는 종파를 카규파라고 합니다. 마르파의 제자인 밀라레빠는 티베트 불교 제일의 성자로서 친숙해져 있습니다. 카규파의 교의는 밀라레빠의 제자인 타크뽀라제에 의해서 정리되었습니다. 그 후 카규파는 많은 분파로 나뉘었지만, 카르마 흑모파·카르마 홍모파·다군파·두크파 등은 현재에도 교세를 가지고 있습니다. 카규파의 주된 승원으로는 중앙 티베트의 쫄프寺(흑모파), 얀파첸寺(홍모파)·디군테르寺(디군파)·두크라룬寺(두크파), 그리고 싯킴의 룸티크寺(흑모파) 등이 있습니다.

사카파의 명칭은 쿵 씨인 쿵쵸크 겔뽀가 도크미 역경승으로부터 탄트라 불교를 배우고, 1073년에 짠 지방의 사카에 한 절을 건립하여 일족이 그곳에 의지하여 포교한 데에서 연유한 티베트 특유의 씨족교단으로 시작한 종파입니다. 그 자손인 샤카 판티타는 샤카슈리바드라를 사사해서 많은 가르침을 배우고 같은 학파의 교리를 집대성했습니다. 그 후로 사카파에서는 카담파나 게르크파와 나란히 많은 학승이 배출되었습니다. 샤카파의 주된 승원은 중앙 티베트에 있는 사카사, 고르사 등입니다.

이들 4대 종파의 뛰어난 학승 외에도 티베트 불교사상 굴지의 대학승인 프튼(14세기), 여성밀교 수행자 마치크라프뙨마(12세기) 등이 배출되면서 "세계의 지붕"이라고 말할 수 있는 티베트 땅에서는 많은 우수한 학승이나 성자가 끊이지 않고 출현했던 것입니다.

5. 국제종교로의 길

이와 같이 티베트 불교가 충실한 내용을 확립할 즈음 생각지 못한 곤란이 닥쳐왔습니다. 13세기 전반, 세계 역사상 유례를 찾아볼 수 없는 대제국이 된 몽골이 티베트 침공을 개시한 것입니다. 당시 티베트는 정치적으로 분열된 상태가 계속되었기 때문에 강대한 몽골 기마군단에 대적할 수가 없었습니다. 사캬파의 대학승인 사캬 판티타가 국가의 대표로서 몽골 황제 오고타이 칸의 황태자 쿠텐의 처소로 나아가 화평 교섭을 시작했습니다. 사캬 판티타는 몽골을 불교에 귀의시키는 일에 성공해서 티베트의 국토가 말발굽에 유린되는 위기를 면했습니다. 사캬 판티타의 조카 팍파는 몽골(元朝) 황제 쿠빌라이 칸의 스승(國師)이 되어 그 후로 몽골 궁정에 티베트 불교가 보급되도록 하였습니다.

16세기 후반, 겔룩파의 대승원인 '데푼사의 활불' 소남 강쪼(1543~1588)는 몽골 뒤메트 부족의 왕후 알탄 칸의 간청을 받고 설법에 나아가 '달라이라마' 의 칭호를 얻었습니다. 이 소남 강쪼에서 2대를 거슬러 총카파의 조카이며 제자이기도 한 게된 뒤프파를 초대로 한 달라이라마의 전생 활불 제도가 여기에서 확립된 것입니다.

알탄 칸의 귀의를 계기로 티베트 불교는 몽골인 사회 속에 급속히 펴지기 시작했습니다. 소남 강쪼의 전생자인 달라이라마 4세가 몽골인에게서 나온 것도 하나의 상징적인 일입니다. 이렇게 해서 동아시아 내륙부에서 중앙아시아의 광범한 지역에 티베트 불교 신앙이 성행하게 된 것입니다.

17세기 중엽, 달라이라마 5세 시대에 티베트 전국의 통치와 종교의 최고지도자로서 달라이라마 법왕을 추대하는 국가 체제가 확립되었습니다. 티베트는 종교 국가로서의 모습을 새롭게 하고 다시 그 전국을 통일할 중앙 정권을 세운 것입니다.

같은 시기에 만주인의 청나라가 급속히 세력을 확대해 중국을 포함한 동아시아의 광범한 지역을 점령하는 대제국으로 성장했습니다. 청나라의 역대 황제는 티베트 불교에 귀의하여 달라이라마 법왕을 매우 존경했기 때문에 티베트 불교는 북경에까지 확산되었으며, 동아시아 제일의 종교라고 할 장관을 보여주기에 이르렀습니다.

달라이라마 법왕은 정치적으로는 티베트 전국의 국가 원수로서 군림하고, 종교적으로는 더욱 넓은 티베트 불교 최고 지도자로서 티베트인은 물론 몽골인, 만주인 등 동아시아나 중앙아시아의 광범한 민족 사이에서 절대적인 존경과 신앙을 받게 되었습니다.

이러한 최성기에는 내외 몽골, 북경, 열하(하북성 승덕부의 별명, 요하의 상류에 있음) 등 티베트 국외에도 많은 티베트 불교사원이 건립되었습니다. 그리고 17세기부터 18세기에 걸쳐서 잠양·세바 등을 시작으로 우수한 학승이 차례로 배출되고, 감캬나 튀간에서의 석학들이 티베트 내외에 다리를 놓아 국제적인 활약을 계속해 갔습니다. 또 티베트 대장경 목판 인쇄도 이 시기에 시작되어 북경판, 나르탄판, 테르게판 등이 18세기에 간행되었습니다.

19세기에는 캄 지방에서 잠양, 켄세 등의 무종교운동이 일어나 각 종파 간의 교류도 진척되었습니다.

6. 중국의 티베트 침략과 불교 탄압

19세기 후반에 즉위한 달라이라마 13세는 종교적으로는 물론 정치적으로도 매우 뛰어난 분으로 청나라, 러시아, 영국(英印政廳) 등의 대국이 티베트의 지정학적 중요성에 착안하여 다양한 공작과 거래를 시작한 국제정치의 파도에 휩쓸리면서도 티베트의 주권과 독립을 지키기 위해 필사의 노력을 했습니다. 금세기에 들어와 티베트가 겨우 근대국가로의 진전을 모색하려고 할 때, 13세 법왕이 돌아가셔서 현 14세 법왕이 즉위하였습니다. 당시 이미 청 제국은 붕괴되고 중국에는 국민당 정권이 탄생했습니다. 제2차 세계대전 중에 티베트는 불교사상에 근거한 평화주의의 입장에서 엄정 중립을 지켜 나갔습니다.

중국에는 대전 후에 국민당과 공산당과의 사이에서 내전이 발생하였는데 1949년에 이르러 공산당 측이 승리를 거두어 중화인민공화국이 성립되었습니다. 그러나 이 중국공산당 정권은 국내를 장악하고 곧 티베트 침략을 개시하였습니다. 중국에 인접한 티베트 동부(캄 지방과 암도 지방)는 바로 인민해방군에 의해서 점령되었으며 많은 티베트인이 목숨을 잃었습니다. 달라이라마 법왕은 화평 교섭에 필사의 노력을 계속하였습니다만, 압도적 군사력을 배경으로 한 치의 양보도 하지 않는 중국 측의 강경한 자세 앞에서는 모두가 허사가 되고 말았습니다.

그리고 1959년 3월 10일, 달라이라마 법왕의 안위를 걱정한 라사 시민이 일제히 봉기하여 중국군의 퇴각과 티베트의 주권 독립을 호소했습니다. 이것에 대해 중국 측은 철저한 탄압을 가해 마침내 법왕은 국외 망명을 할 수밖에 없는 사태에까지 이르고 만 것입니다. 이리하여 법왕은 오로지 티베트 국민의 안전을 기원하는 단장의 생각으로 조국을 뒤로 한 채, 히말라야 산맥을 넘어 인도로 향한 것입니다.

그 후에 티베트 본토에서는 중국군이 티베트인의 저항운동에 가혹할 정도의 보복과 탄압을 가하고, 나아가서는 티베트 문화를 말살하려는 철저한 파괴 공작을 개시하였습니다. 6,000개의 사원이 파괴되고 귀중한 불교미술과 경전 등이 약탈되었으며, 비구와 비구니는 파계와 환속을 강요당하였습니다. 특히 티베트 민족의 정신적 지주였던 불교는 약탈자에게 눈엣가시였으며, 엄청난 공격을 받았던 것입니다.

라사 근교에 있는 겔룩파의 총본산인 간텐사는 말할 수 없는 파괴를 당해 아픈 폐허의 모습을 지금도 간직하고 있습니다. 이러한 예는 티베트 국내에 셀 수 없이 많습니다.

1960년대 후반, 이미 티베트 전국을 점령하여 식민지 지배 체제를 확립한 중국은 '문화대혁명'의 이름 아래 티베트 문화의 근절에 더욱 열을 올렸습니다. 온갖 방법을 동원하여 티베트인의 종교생활을 탄압하고, 개인의 마음 내면까지도 쳐들어와 신앙심과 민족문화를 버리고 공산주의 유물사상을 신봉하라고 강요했습니다.

인도 불교의 법등을 계승하여 1,200년 이상에 걸쳐서 지켜 온 티베트 불교는 참으로 존망의 위기에 직면한 것입니다.

7. 망명지에서 다시 일어난 티베트 불교

1959년 달라이라마 법왕의 뒤를 이어 약 10만 명의 티베트인들이 조국을 떠나 인도나 네팔 등으로 망명하였습니다. 그것은 자유의 땅에서 참된 티베트 문화를 보존하고 다른 날을 기약하자는 비원을 담은 도피행이었습니다. 그들 중에는 뛰어난 학승이나 수행자가 많았기 때문에 티베트 불교의 법등은 망명지에서 힘들게나마 계승되고 있는 것입니다.

과거 13세기에 석존의 고향인 인도에서 쫓겨와 티베트에 안주의 땅을 찾은 불교의 흐름이 금세기에 다시 이러한 형태로 인도에 되돌아온 것은 묘한 일입니다.

달라이라마 법왕은 인도 북부 히말라야 프라데시주의 다람살라에 본거지를 구축하고 티베트 망명정권을 조직했습니다. 법왕의 지도와 망명정부의 원조를 근거로 남인도의 카르나다카주에 간덴·세라·테픈의 3대사가 재건되는 등, 인도와 네팔 각지에 티베트 불교 각파의 사원이 건립되었습니다. 이들 사원의 승려들은 과거의 위대한 라마들이 지켜온 티베트 불교 법등이 꺼지지 않도록 참으로 진실한 자세로 학문과 수행에 열중하고 있습니다.

최근에 또 새로운 동향이 보입니다. 앞에서 이야기한 것처럼 티베트 불교는 몽골인 사이에서 널리 신앙되게 되었습니다만, 금세기에 들어서 외몽골에는 공산주의 정권이 성립되고, 내몽골은 중국 지배 하에 놓이게 되었기 때문에 종교 활동은 억압되는 처지에 놓였습니다. 몽골 방면에서도 티베트 불교의 법등은 존망의 위기에 노출되어 있었던 것입니다.

그런데 소련 연방의 붕괴와 외몽골의 민주화에 의해 상황은 일변했습니다. 지금까지 억압되어 온 사람들의 신앙심이 한꺼번에 격앙되어 각지에서 사원의 재건이 진척되고 있습니다. 그러나 과거 인도에서 티베트를 거쳐 전해진 가르침의 흐름도 그 몇 가지는 억압 시대에 사라지고 말았기 때문에, 망명 티베트 사회에서 스승을 파견하거나 인도 각지에 재건된 티베트 불교사원에서 몽골인 유학생을 받아들이는 등의 움직임이 최근 매우 활발해지고 있습니다. 이러한 문화 교류 활동은 몽골국 내지는 러시아 내의 몽골계 민족 자치공화국인 브리야트, 카름이크와 티베트 망명정부와의 사이에 실현되며, 달라이라마 법왕도 이들 나라들을 자주 방문하고 있습니다.

이러한 망명 티베트인 사회에서 겨우 지켜지고 있는 순수한 티베트 불교의 흐름은, 과거의 광범위한 티베트 불교권의 부흥을 꾀하기 위한 실로 유일한 의지처가 되고 있는 것입니다. 또 일본을 시작으로 세계 각지의 불교학의 발전에도 조금이나마 공헌하고 있습니다.

티베트 본국에 자유를 회복하고 그 땅에 티베트 불교의 부활을 기대하는 것이야말로 가장 중요한 것임은 말할 필요도 없습니다. 그러나 현 단계에서는 그날이 올 때까지 망명 티베트인 사회에서 보존되고 있는 법등을 지켜 나가고 발전시키는 것이 매우 중요합니다.

8. 지금도 계속되는 법난

재차 티베트 본토의 상황에 눈을 돌려봅시다. 문화대혁명도 끝나고 중국 정부는 그 노선이 틀렸음을 자각해서 개혁·해방 노선으로 전환했습니다. 그렇지만 중국 측은 1949년에 시작한 티베트 침략 이래 일관해서 계속되어 온 것이 사실인 티베트 문화와 종교에 대한 철저한 탄압을 모두 문화대혁명과 4인조(林彪, 姚文元, 張春嬌, 王洪文)의 책임으로 돌리고, 현재는 민족문화가 존중되고 종교의 자유가 보장되고 있는 것처럼 선전하고 있습니다. 그리고 관광지를 중심으로 일부 사원을 보수하여 종교적 활동도 부분적으로 인정하고 있는 것처럼 하고 있습니다. 최근의 중국 당국의 대 티베트 정책은 더욱 교묘해지고 있습니다. 대량의 중국인(漢族)을 티베트로 유입시켜, 수적 우세로 티베트인을 능멸하고, 중국인에게 동화하지 않으면 생활해 나갈 수 없게 상황을 만들고 있습니다. 이렇게 티베트인의 민족적 독자성을 말살하는 것으로 티베트 문제의 최종 해결을 하려 하고 있습니다.

티베트 불교도 그러한 흐름 속에서 본질이 희석되어 중국 불교의 한 갈래로 전락해 가고 있습니다. 이러한 상황에 위기감을 느껴 오로지 참된 티베트 불교를 구하고자 자신의 위험도 고려하지 않고 인도에 망명하는 비구와 비구니는 지금도 끊이지 않고 있습니다. 이 사실은 외부 세계에는 거의 알려지지 않고 있습니다.

그리고 또한 티베트 본토에서의 인권 침해는 현재도 진행되고 있습니다. 티베트 국민의 고통을 마음으로 함께 아파하며, 그들을 위해서는 자신의 희생도 싫어하지 않는 비구, 비구니들은 최후의 수단으로 조국의 독립을 시위로 호소하고 있습니다. 그것은 어디까지나 비폭력적인 항의 행동임에도 불구하고 "이제는 무사히 나의 사원으로 돌아갈 수는 없다."고 하는 각오가 필요합니다. 시위에 참가한 승려들에 대해서 중국 당국은 가차없이 탄압하며, 집요하고 잔혹한 고문을 가하고 있습니다. 당국의 추구를 피해 정치 망명을 하여 인도나 네팔로 건너온 승려들은 지금도 매우 많습니다.

이러한 승려들은 망명 티베트인 사회에 재건된 사원에 들어가게 됩니다. 그러나 이들 모든 사원에는 소속된 승려의 수가 넘쳐나기 때문에 경제적으로 매우 어려운 상황에 쫓기고 있습니다. 정원을 훨씬 상회하는 사람을 수용한 사원에서는 최저한의 생활 수준을 유지하는 것조차 힘듭니다. 그러나 아무리 수용 한도를 넘었다고 해도 목숨을 걸고 망명길에 올라 많은 고난을 극복하고 '이제는 되었다.' 라는 생각으로 도착한 승려들의 입사를 거부하는 것이 가능하겠습니까? 지금 망명 티베트인 사회에 재건된 모든 사원에서는 여러 가지 악조건에도 불구하고 승려들이 필사의 노력을 거듭해 면학과 수행에 힘쓰고 있습니다. 그 열의를 지탱하는 것은 불교에 대한 깊은 신앙임은 물론이지만 "언젠가는 다시 달라이라마 법왕과 함께 자유로운 티베트 본국에 돌아가서 조국의 위대한 종교 부흥에 진력하고 싶다."는 바람도 그들의 신념을 한층 견고하게 하는 것이겠지요. 그리고 이러한 정열에 불타는 많은 승려들의 헌신적인 노력에 의해서 티베트인들이 면면히 지켜온 불교의 법등은 지금도 명맥을 유지하고 있는 것입니다.

이 책은 1989년 12월에 달라이라마 14세 법왕께서 노벨평화상을 받은 다음 해, 미국에서 출간된 *A Policy of Kindness*의 일본어 역으로, 달라이라마의 강연과 인터뷰, 예하에 관한 수필을 편집한 『달라이라마가 말하는 동정의 힘』을 한국어로 번역하고, 필자의 글 몇 편을 더 보완, 관련 자료를 수집 재편집하여 출간한 것입니다.

티베트의 종교적·정치적 최고 지도자인 달라이라마 14세는 1935년 티베트 동북부의 '탁첼'(Taktser)이라는 작은 마을(주: 현재의 청해성(靑海省) 황중현(湟中縣))에서 태어나, 1940년 4세 때 정식으로 달라이라마 14세로 즉위했습니다. 그 후 1949년부터 1950년에 걸쳐서 중국 공산당이 티베트를 침공하자 1950년부터 국가 지도자로서의 길을 걷기 시작했습니다. 그러나 1959년, 인도로 망명을 할 수밖에 없어 북인도의 다람살라에 티베트 망명정권을 수립하고 현재에 이르게 되었습니다.

달라이라마도 망명이 결과적으로 좋았던 측면도 있다고 말하는 것과 같이 이 망명에 의해서 세계에, 특히 구미에 티베트 불교가 확산되게 되었습니다.

1989년에는, 조국 티베트의 자유를 되찾는 운동을 30년 동안 지속하면서도 폭력을 배제하고 평화적인 수단을 관철해 온 것이 높이 평가되어 노벨평화상을 수상하였습니다. 달라이라마가 지구 환경 문제의 관심을 보여 온 것도 수상 이유의 하나였습니다. 이 노벨평화상 수상이 세계 사람들이 예하와 티베트에 한층 더 주목하게 하는 계기가 되었습니다.

이 책은 전편에 걸쳐서 달라이라마가 세계에 계속 호소하고 있는 사랑과 자비심을 이야기하고 있습니다. 인류는 물질적 진보에 전념한 결과, 가장 중요한 마음의 내면−정신적 가치를 잃어버리고 있습니다. 21세기에 들어와서 세계에서는 마치 우리들 인간들에 대한 경고인 것 같은 여러 가지 사건, 싸움 현상이 많이 발생하고 있습니다.

또 최근에는 무기뿐만 아니라 인류가 스스로 만들어 낸 무수히 많은 화학 물질에 의해서 인류를 포함한 모든 생물의 자손 번영이 위협받는 상황에 있다고도 말합니다. 이럴 때일수록 한편으로는 사랑과 자비심에 의해 다른 사람을 동정하고 사회에 봉사하며, 다른 한편으로는 자기 자신의 일을 논리적으로 분석하고 무엇보다도 진실을 존중하려고 하는 불교의 가르침이 중요한 가치를 가지고 있는 것은 아닐까요?

이 책에서는 좀처럼 엿보기가 어려운, 정원손질이나 기계 수리를 즐긴다고 하는, 우리들 일반 서민도 친근함을 느낄 수 있는 달라이라마의 일상생활에 대해서도 다루고 있으며, 그 밖에도 달라이라마의 폭넓은 흥미의 대상, 다양한 분야에 걸친 문제에 관한 생각이 기술되어 있습니다.

지금까지 달라이라마 법왕과 불교에 대해서 별로 친근감이 없었던 분들도 그분의 사랑과 자비의 사상, 그리고 달라이라마 자신의 뛰어난 인품을 접하게 되었으면 합니다.

이 책은 달라이라마의 유례없는 재능의 하나로서 난해한 교의일지라도 누구라도 알 수 있는 말로 바꾸어서 설명할 수 있음을 보여줍니다. 실제로 달라이라마의 강연이나 회화는 영어의 원문을 보면 매우 알기 쉬운 평이한 말로 쓰여져 있습니다. 필자도 미숙하지만 불교의 해설서 수준이 아닌, 일반 독자의 입장에서 번역하려는 마음으로 썼습니다. 불교나 달라이라마를 처음으로 만나는 분들도 읽기 쉽도록 종교 용어를 많이 쓰지 않고 일상적으로 쓰이는 언어를 사용하려고 가능한 한 노력을 했습니다.

독자 모두가 이 책을 통해서 달라이라마의 말씀에 귀를 기울이고 이것을 나날의 생활 가운데 조금이라도 실천한다면 필자에게 이것에 버금가는 기쁨은 없을 것입니다.

마지막으로 이 책이 완성되기까지 많은 조언을 주신 불국사 관장 종상 큰스님과 한국티베트불교친선협회장 석금담 스님에게 마음으로부터 감사를 드립니다.

부록 : 달라이라마 법왕 수상 현황(1957-2012)

수상일	수상 내용	수여기관&단체	국가
2012.10.19	명예박사	코네티컷주립대학교,댄버리	미국
2012.10.19	명예박사	헌터대학, 뉴욕시	미국
2012.05.24	명예시민권	후이시	벨기에
2012.05.22	우디네시 열쇠	우디네 시	이탈리아
2012.05.20	카린티아 주 골드 메달	카린티아주	오스트리아
2012.05.18	클라겐 푸르트 골드메달	클라겐푸르트시	오스트리아
2012.05.14	템플턴상	존 템플턴 재단	미국
2012.04.26	명예 학위	시카고 로욜라 대학교	미국
2011.12.02	2011 다야난드 모디 어워드	다야완띠 모디 재단,뉴델리	인도
2011.10.09	마하트마간디국제상	더 간디 개발 재단, 더반	남아공
2011.09.05	명예 박사	인디라 간디 대학교, 뉴델리	인도
2011.08.18	명예 박사	타르투대학교, 타르투	에스토니아
2011.07.13	공로상	캐링 인스티튜트, 워싱턴	미국
2011.05.11	명예 박사	아칸소 대학교 페이엣빌 캠퍼스	미국
2011.05.09	명예 박사	서던 메소디스트대학교, 달라스	미국
2011.05.08	명예 박사	미네소타 대학교, 미니애폴리스	미국
2011.05.04	샤인 어 라이트 어워드	국제사면위원회(엠너스티)	미국
2010.11.23	명예 박사	자미아 밀리아 이슬라미아 대학교	인도
2010.10.21	헤리 T. 윌크스 리더쉽 상	헤리 T. 윌크스 재단, 옥스포드	미국
2010.10.21	명예 박사	마이애미 대학교, 옥스포드	미국
2010.10.20	국제 자유상	국립 지하철도 자유 센터,신시내티	미국
2010.09.21	멘쉔 인 유로파 어워드	멘쉔 인 유로파, 파사우	독일
2010.09.18	명예 시민권	부다페스트	헝가리
2010.05.23	프레지던트 메달	헌터칼리지, 뉴욕	미국
2010.05.18	명예 박사	노던 아이오와 대학교, 시더폴스	미국
2010.03.18	니르말라 데쉬판데 기념상	간디 아쉬람 재건 단체	인도
2010.02.23	명예 학위 인증	브로워드 칼리지, 데이비	미국

2010.02.19	민주주의 봉사 메달	미국 민주주의 기부재단, 워싱턴	미국
	(인권, 민주)		
2009.10.06	랜토스 인권상	인권과 정의를 위한 랜토스 재단, 워싱턴	미국
2009.09.30	명예 박사	캘거리 대학교, 캘거리	캐나다
2009.09.27	사랑과 관용상	페처 연구소, 밴쿠버	미국
2009.09.23	국제 자유상	국가 인권 박물관, 멤피스	미국
2009.08.03	명예 박사	마르부르크 대학교, 마르부르크	독일
2009.07.29	명예시민권	바르샤바	폴란드
2009.06.07	명예시민권	파리	프랑스
2009.02.10	독일 언론상	독일 발행인들, 바덴 바덴	독일
2009.02.10	명예시민권	베네치아	이탈리아
2009.02.09	명예시민권	로마	이탈리아
2008.12.08	명예박사	야기엘로니안 대학교, 크라쿠프	폴란드
2008.07.25	세계 지도자상	아스펜 인스티튜트, 아스펜	미국
2008.07.13	명예 박사	리하이대학교, 베들레헴	미국
2008.04.14	명예 박사	워싱턴 대학교, 씨애틀	미국
2007.10.22	특훈교수	애틀란타, 에모리대학교	미국
2007.10.17	미 의회 골드 메달	미국 의회	미국
2007.10.08	야힘사 상	자이나교학 협회, 런던	영국
2007.09.20	명예 박사	뮌스터 대학교, 뮌스터	독일
2007.06.08	명예 박사	서던 크로스 대학교, 멜버른	호주
2007.05.12	BILD 어워드	BILD 매거진	독일
2007.05.09	명예 박사	스미스 칼리지, 노샘프턴	미국
2006.12.10	백련(白蓮) 훈장	칼미키야 공화국	칼미키야 공화국
2006.10.14	명예 박사	로마 3대학교	이탈리아
2006.09.19	명예 박사	버펄로 대학교, 뉴욕	미국
2006.09.09	명예시민권	캐나다	캐나다
2006.05.04	명예 박사	산티아고 대학교, 산티아고	칠레
2006.02.16	벤 구리온 네게브 상	벤 구리온 대학교, 베르셰바	이스라엘
2005.11.06	영감(靈感) & 연민상	미국 히말라야재단, 샌프란시스코	미국
2005.09.25	명예 박사	러트거스 뉴저지 주립대학교	미국

2005.08.12	만해 평화상	만해사상실천선양회	한국
2005.07.27	헤센 평화상	헤센 의회, 비스바덴	독일
2004.10.07	명예 박사	이베로아메리카나 대학교, 멕시코시티	멕시코
2004.10.05	골드 메달	멕시코 국립대학교, 멕시코시티	멕시코
2004.09.27	명예 박사	코스타리카 대학교	코스타리카
2004.09.24	명예 박사	푸에르 토리코 대학교	푸에르 토리코
2004.09.23	명예 박사	마이애미 대학교	미국
2004.09.18	명예 박사	노바 사우스이스턴 대학교, 마이애미	미국
2004.05.28	험프리스 기념상(불교 공헌)	영국 불교신도단체	영국
2004.04.27	국제아차리야 수실 쿠마르 평화상	토론토 대학교	캐나다
2004.04.27	명예 박사	토론토 대학교	캐나다
2004.04.20	명예 박사	사이먼 프레이저 대학교, 벤쿠버	캐나다
2004.04.19	명예 박사	브리티시 컬럼비아 대학교, 벤쿠버	캐나다
2004.04.16	국민 평화 건설상	켈리포니아 대학교, 어바인	미국
2003.10.09	인권 증진 상	하이메 브루넷 재단, 마드리드	스페인
2003.09.19	인권상	국제인권연합, 뉴욕	미국
2003.09.05	명예 박사	샌프란시스코 대학교	미국
2003.06.03	만프레드 비조르크퀴스트 메달	시그투나 재단, 스톡홀롬	스웨덴
2002.12.05	바싸바쉬리 상	바싸바켄드라, 쉬리 무룩하마트.치트라두르가	인도
2002.11.07	명예 박사	몽골 과학기술 대학교	몽골
2002.11.07	명예 박사	몽골 국립 대학교	몽골
2002.10.14	인권상	그라츠 대학교	오스트리아
2002.07.06	올해의 남성	크로아티아 학술협회	크로아티아
2002.05.21	평화 어워드 2000	호주 국제연합협회	호주
2001.12.05	명예 박사	트롬쇠 대학교	노르웨이
2001.11.26	명예 박사	루시아다 포르토 대학교	포르투갈
2001.06.10	에케호모 훈장	칸쎌라리아 카피툴리 오데루	폴란드
2000.10.16	명예 박사	코멘스키 대학교, 브리티슬라바	슬로바키아

1999.12.12	디왈이벤 모하날 국제평화와 화합상	디왈이벤 모하날 메타차라테이블 단체	인도
1999.11.24	공로상	하다쉬 여성 시온주의자	이스라엘
1999.10.12	보디 어워드	미국 불자 회의	미국
1999.04.16	명예 신학박사	플로리다 국제대학교	미국
1999.04.09	명예 박사	부에노스 아이레스 대학교	아르헨티나
1999.04.07	명예 박사	브라질리아 대학교	브라질
1998.11.11	명예 박사	세톤 힐 칼리지, 그린스버그	미국
1998.05.15	명예 법학 박사	위스콘신 대학교, 매디슨	미국
1998.05.11	명예 신학 박사	에모리 대학교, 애틀란타	미국
1998.05.08	명예 인문학 박사	브랜다이즈 대학교, 보스턴	미국
1998.05.08	쥴리엣 홀리스터상	쥴리엣 홀리스터 재단, 뉴욕	미국
1997.11.25	파울로 마르 그레고리우스 상	파울로 마르 그레고리우스 위원회	인도
1997.09.11	국제외교학 명예 박사	트리에스테 대학교, 트리에스테	이탈리아
1997.06.01	명예 박사	레지스 대학교, 덴버	미국
1997.05.31	명예 박사	콜로라도 대학교, 볼더	미국
1997.03.23	명예 박사	중산대학교, 카오슝	타이완
1996.07.26	프레지던트 메달	인디애나 대학교, 블루밍턴	미국
1995.04.05	불교철학 박사	릿쇼대학교, 도쿄	일본
1995.01.02	명예 문학박사	나그푸르 대학교	인도
1994.06.04	프랭클린 D. 루스벨트, 자유 메달	프랭클린 & 앨리너 루스벨트 연구소	미국
1994.04.27	세계 안보 평화상	뉴욕 법률가 연합	미국
1994.04.26	명예 인문 예술 & 문학 박사	컬럼비아 대학교	미국
1994.04.25	명예 인문학박사	버리어 칼리지, 버리어	미국
1994.03.20	대학교 연구원	히브리 대학교, 예루살렘	이스라엘
1993.03.14	국제 자유 용감상	자유 연대, 멜버른	호주
1992.11.26	명예 박사	자인 위슈와 바라띠 대학교, 라자스탄	인도
1992.09.17	명예 교수	노보시비르스크 국립대학교	브리아트 공화국
1992.09.11	명예 교수	칼미키야 국립대학교	칼미키야 공화국
1992.06.06	명예 박사	리오데 자네이루 대학교	브라질

1992.05.05	명예 법학 박사	멜버른 대학교	호주
1992.02.16	명예 철학 박사	라피엣 대학교, 오로라	미국
1991.10.10	삶의 바퀴 상	사원 이해하기 단체(종교간 대화),뉴욕	미국
1991.10.10	지구 연합상(환경)	클라우스 노벨 지구 연합	미국
1991.08.23	평화와 화합상	국가 평화 회의, 델리	인도
1991.04.17	인류 자유 증진상	자유의 집, 뉴욕	미국
1991.04.06	평화 리더쉽 공로상	핵시대 평화재단	미국
1991.03.25	쉬로마니상 1991	쉬로마니 학회, 델리	인도
1990.12.08	명예 박사	카르나타카 대학교	인도
1990.01.14	명예 신학박사	고등티베트학 중앙학회, 사르나트	인도
1989.12.10	노벨상	노벨 재단	노르웨이
1989.12.04	프릭스 데 라 기념상	다니엘 미테랑 재단	프랑스
1989.09.23	역경의 시간을 인내한 상	세계 경영 협의회	미국
1989.06.21	라울 발렌베리 명예 인권상	인권 재단	미국
1988.06.16	레오폴드 루카스상	튀빙겐 대학교	구. 서독
1987.09.28	알버트 슈바이처 인권주의 상	인간행동 재단	미국
1984.01.16	명예 박사학위	파리 대학교	프랑스
1979.10.19	자유의 햇불	티베트의 친구 길버트 디 루치아	미국
1979.10.04	명예 인문학 박사	시애틀 대학교	미국
1979.09.27	명예 불교 철학 박사	동양학 대학교	미국
1979.09.17	명예 신학박사	캐롤 칼리지	미국
1979.06.17	특별 메달	평화를 위한 아시아 불자 협의회	몽골
1969년	라케트 상	노르웨이 난민 협의회	노르웨이
1963.01.23	링컨 어워드	미국 연구조사기관	미국
1959.09.16	리차드 E. 버드 제독 기념상	국제 구조 위원회	미국
1959.08.31	막사이 사이상	라몬 막사이사이 위원회	필리핀
1957년	명예 문학박사	베나레스 힌두 대학교	인도

달라이라마, 물음에 답하다

등 록 1994.7.1 제1-1071
1쇄 발행 2012년 11월 30일

편저자 최평규
펴낸이 박길수
편집인 소경희
편 집 김문선
관 리 위현정
디자인 이주향
펴낸곳 도서출판 모시는사람들
       110-775 서울시 종로구 경운동 88번지 수운회관 1207호
전 화 02-735-7173, 02-737-7173 / 팩스 02-730-7173

인 쇄 ㈜상지사P&B(031-955-3636)
배 본 문화유통북스(031-937-6100)
홈페이지 http://blog.daum.net/donghak21

값은 뒤표지에 있습니다.
ISBN 978-89-97472- 26-0   03100

이 도서의 국립중앙도서관 출판시도서목록(CIP)은 e-CIP 홈페이지
(http://www.nl.go.kr/ecip)에서 이용하실 수 있습니다.
(CIP제어번호: 2012005216)